구약

# 출애굽기

EXODUSE

하나님의 말씀과 기도로
거룩하여 짐이라
(딤전 4:5)

의 손글씨

시작한 날 . . .

마친 날 . . .

MISSION TORCH

# 출애굽기 EXODUSE

## ≡ 서론

출애굽기 헬라어 이름은 '출구, 탈출'이라는 의미로 하나님께서 모세를 선택하셔서 애굽에서 노예생활을 하는 이스라엘을 어떻게 이끌어 내셨는지를 강조한다. 하나님은 애굽에서 종살이로 고통당하는 이스라엘의 신음소리를 들으시고 모세를 지도자로 부르셔서 해방시키셨으며, 시내산에서 하나님을 섬기는 방법과 살아가는 방법을 담은 십계명과 율법을 주셔서 온전한 하나님의 백성으로 거듭나게 하셨다.

| 애굽으로부터의 구속(1:1-18:27) | 시내산에서의 하나님 계시(19:1-40:38) |
|---|---|
| 구속의 필요: 이스라엘의 신음소리(1:1-22)<br>구속을 위한 준비: 모세 선택과 파송(2:1-4:31)<br>구속: 열 가지 재앙과 출애굽(5:1-15:21)<br>보존: 물과 고기 공급 및 전쟁 승리(15:22-18:27) | 율법을 주심: 십계명과 각종 법(19:1-24:18)<br>예배 지침을 주심: 성막과 제사장직(25:1-31:18)<br>백성의 배신과 하나님의 용서: 금송아지(32:1-33:23)<br>하나님의 지침 시행: 예배와 성막 제작(34:1-40:38) |

## ≡ 개요

| | | | |
|---|---|---|---|
| 이스라엘 자손이 학대를 받다 | 1장 | 다섯째 재앙 : 가축의 죽음 | 9장 |
| 모세가 태어나다 | 2장 | 여섯째 재앙 : 악성 종기가 생기다 | 9장 |
| 모세가 미디안으로 피하다 | 2장 | 일곱째 재앙 : 우박이 내리다 | 9장 |
| 여호와께서 모세를 부르시다 | 3장 | 여덟째 재앙 : 메뚜기가 땅을 덮다 | 10장 |
| 여호와께서 모세에게 능력을 주시다 | 4장 | 아홉째 재앙 : 흑암이 땅에 있다 | 10장 |
| 모세가 애굽으로 돌아가다 | 4장 | 처음 난 것의 죽음을 경고하다 | 11장 |
| 모세와 아론이 바로 앞에 서다 | 5장 | 유월절 | 12장 |
| 모세가 여호와께 아뢰다 | 5-6장 | 무교절 | 12장 |
| 하나님이 모세를 부르시다 | 6장 | 첫 유월절 | 12장 |
| 모세와 아론의 조상 | 6장 | 열째 재앙 : 처음 난 것들의 죽음 | 12장 |
| 여호와께서 모세와 아론에게 명령하시다 | 6장 | 이스라엘이 애굽 땅에서 나오다 | 12장 |
| 뱀이 된 아론의 지팡이 | 7장 | 유월절 규례 | 12장 |
| 첫째 재앙 : 물이 피가 되다 | 7장 | 무교절 | 13장 |
| 둘째 재앙 : 개구리가 올라오다 | 8장 | 태에서 처음 난 것 | 13장 |
| 셋째 재앙 : 티끌이 이가 되다 | 8장 | 구름 기둥과 불 기둥 | 13장 |
| 넷째 재앙 : 파리가 가득하다 | 8장 | 홍해를 건너다 | 14장 |

# 보고 쓰는 손글씨 성경 활용법

손글씨 성경

## 출애굽기 Exodus

이스라엘 자손이 학대를 받다

1 야곱과 함께 각각 자기 가족을 데리고 애굽에 이른 이스라엘 아들들의 이름은 이러하니
2 르우벤과 시므온과 레위와 유다와
3 잇사갈과 스불론과 베냐민과
4 단과 납달리와 갓과 아셀이요
5 야곱의 허리에서 나온 사람이 모두 칠

이스라엘 자손이 학대를 받다

1
2
3
4
5

소제목 표기생략

장숫자 표기생략

절숫자 표기생략

소제목, 장 • 절숫자가 표기되어 있어 그대로 본문을 따라 적기만 하면 됩니다.

## 필사 예시

손글씨 성경

## 출애굽기 Exodus

이스라엘 자손이 학대를 받다

1 야곱과 함께 각각 자기 가족을 데리고 애굽에 이른 이스라엘 아들들의 이름은 이러하니
2 르우벤과 시므온과 레위와 유다와
3 잇사갈과 스불론과 베냐민과
4 단과 납달리와 갓과 아셀이요
5 야곱의 허리에서 나온 사람이 모두 칠십이요 요셉은 애굽에 있었더라
6 요셉과 그의 모든 형제와 그 시대의 사람은 다 죽었고
7 이스라엘 자손은 생육하고 불어나 번성하고 매우 강하여 온 땅에 가득하게 되

이스라엘 자손이 학대를 받다

1 야곱과 함께 각각 자기 가족을 데리고
애굽에 이른 이스라엘 아들들의 이름은
이러하니
2 르우벤과 시므온과 레위와 유다와
3 잇사갈과 스불론과 베냐민과
4 단과 납달리와 갓과 아셀이요
5 야곱의
요셉은
6 요셉
은 다 죽
7 이스라
매우 강

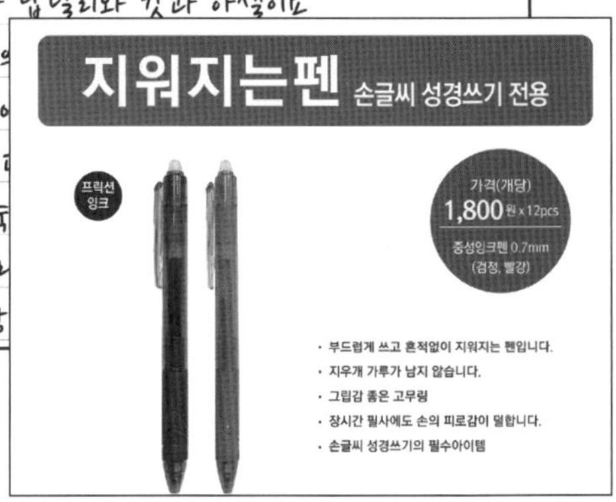

손글씨 성경

# 출애굽기 Exodus

### 이스라엘 자손이 학대를 받다

1 야곱과 함께 각각 자기 가족을 데리고
애굽에 이른 이스라엘 아들들의 이름
은 이러하니

2 르우벤과 시므온과 레위와 유다와

3 잇사갈과 스불론과 베냐민과

4 단과 납달리와 갓과 아셀이요

5 야곱의 허리에서 나온 사람이 모두 칠
십이요 요셉은 애굽에 있었더라

6 요셉과 그의 모든 형제와 그 시대의 사
람은 다 죽었고

7 이스라엘 자손은 생육하고 불어나 번
성하고 매우 강하여 온 땅에 가득하게 되
었더라

8 요셉을 알지 못하는 새 왕이 일어나 애
굽을 다스리더니

9 그가 그 백성에게 이르되 이 백성 이스
라엘 자손이 우리보다 많고 강하도다

10 자, 우리가 그들에게 대하여 지혜롭게
하자 두렵건대 그들이 더 많게 되면 전쟁
이 일어날 때에 우리 대적과 합하여 우리
와 싸우고 이 땅에서 나갈까 하노라 하고

11 감독들을 그들 위에 세우고 그들에게
무거운 짐을 지워 괴롭게 하여 그들에게
바로를 위하여 국고성 비돔과 라암셋을
건축하게 하니라

이스라엘 자손이 학대를 받다

1

2

3

4

5

6

7

8

9

10

11

12 그러나 학대를 받을수록 더욱 번성하
여 퍼져나가니 애굽 사람이 이스라엘 자
손으로 말미암아 근심하여

13 이스라엘 자손에게 일을 엄하게 시켜

14 어려운 노동으로 그들의 생활을 괴롭
게 하니 곧 흙 이기기와 벽돌 굽기와 농사
의 여러 가지 일이라 그 시키는 일이 모두
엄하였더라

15 애굽 왕이 히브리 산파 십브라라 하는
사람과 부아라 하는 사람에게 말하여

16 이르되 너희는 히브리 여인을 위하여
해산을 도울 때에 그 자리를 살펴서 아들
이거든 그를 죽이고 딸이거든 살려두라

17 그러나 산파들이 하나님을 두려워하
여 애굽 왕의 명령을 어기고 남자 아기들
을 살린지라

18 애굽 왕이 산파를 불러 그들에게 이르
되 너희가 어찌하여 이같이 남자 아기들
을 살렸느냐

19 산파가 바로에게 대답하되 히브리 여
인은 애굽 여인과 같지 아니하고 건장하
여 산파가 그들에게 이르기 전에 해산하
였더이다 하매

20 하나님이 그 산파들에게 은혜를 베푸시
니 그 백성은 번성하고 매우 강해지니라

21 그 산파들은 하나님을 경외하였으므
로 하나님이 그들의 집안을 흥왕하게 하
신지라

22 그러므로 바로가 그의 모든 백성에게

12

13

14

15

16

17

18

19

20

21

22

명령하여 이르되 아들이 태어나거든 너
희는 그를 나일 강에 던지고 딸이거든 살
려두라 하였더라

모세가 태어나다

모세가 태어나다

2 레위 가족 중 한 사람이 가서 레위 여
자에게 장가 들어

2

2 그 여자가 임신하여 아들을 낳으니 그가
잘 생긴 것을 보고 석 달 동안 그를 숨겼으나

2

3 더 숨길 수 없게 되매 그를 위하여 갈
대 상자를 가져다가 역청과 나무 진을 칠
하고 아기를 거기 담아 나일 강 가 갈대
사이에 두고

3

4 그의 누이가 어떻게 되는지를 알려고
멀리 섰더니

4

5 바로의 딸이 목욕하러 나일 강으로 내
려오고 시녀들은 나일 강 가를 거닐 때에
그가 갈대 사이의 상자를 보고 시녀를 보
내어 가져다가

5

6 열고 그 아기를 보니 아기가 우는지라
그가 그를 불쌍히 여겨 이르되 이는 히브
리 사람의 아기로다

6

7 그의 누이가 바로의 딸에게 이르되 내
가 가서 당신을 위하여 히브리 여인 중에
서 유모를 불러다가 이 아기에게 젖을 먹
이게 하리이까

7

8 바로의 딸이 그에게 이르되 가라 하매
그 소녀가 가서 그 아기의 어머니를 불러
오니

8

9 바로의 딸이 그에게 이르되 이 아기를

9

데려다가 나를 위하여 젖을 먹이라 내가
그 삯을 주리라 여인이 아기를 데려다가
젖을 먹이더니

10 그 아기가 자라매 바로의 딸에게로 데
려가니 그가 그의 아들이 되니라 그가 그
의 이름을 모세라 하여 이르되 이는 내가
그를 물에서 건져내었음이라 하였더라

### 모세가 미디안으로 피하다

11 모세가 장성한 후에 한번은 자기 형제
들에게 나가서 그들이 고되게 노동하는
것을 보더니 어떤 애굽 사람이 한 히브리
사람 곧 자기 형제를 치는 것을 본지라

12 좌우를 살펴 사람이 없음을 보고 그 애
굽 사람을 쳐죽여 모래 속에 감추니라

13 이튿날 다시 나가니 두 히브리 사람이
서로 싸우는지라 그 잘못한 사람에게 이
르되 네가 어찌하여 동포를 치느냐 하매

14 그가 이르되 누가 너를 우리를 다스리
는 자와 재판관으로 삼았느냐 네가 애굽
사람을 죽인 것처럼 나도 죽이려느냐 모
세가 두려워하여 이르되 일이 탄로되었
도다

15 바로가 이 일을 듣고 모세를 죽이고자
하여 찾는지라 모세가 바로의 낯을 피하
여 미디안 땅에 머물며 하루는 우물 곁에
앉았더라

16 미디안 제사장에게 일곱 딸이 있었더
니 그들이 와서 물을 길어 구유에 채우고
그들의 아버지의 양 떼에게 먹이려 하는
데

10
모세가 미디안으로 피하다
11
12
13
14
15
16

17 목자들이 와서 그들을 쫓는지라 모세가
일어나 그들을 도와 그 양 떼에게 먹이니라

18 그들이 그들의 아버지 르우엘에게 이
를 때에 아버지가 이르되 너희가 오늘은
어찌하여 이같이 속히 돌아오느냐

19 그들이 이르되 한 애굽 사람이 우리를
목자들의 손에서 건져내고 우리를 위하
여 물을 길어 양 떼에게 먹였나이다

20 아버지가 딸들에게 이르되 그 사람이
어디에 있느냐 너희가 어찌하여 그 사람
을 버려두고 왔느냐 그를 청하여 음식을
대접하라 하였더라

21 모세가 그와 동거하기를 기뻐하매 그
가 그의 딸 십보라를 모세에게 주었더니

22 그가 아들을 낳으매 모세가 그의 이름
을 게르솜이라 하여 이르되 내가 타국에
서 나그네가 되었음이라 하였더라

23 여러 해 후에 애굽 왕은 죽었고 이스라
엘 자손은 고된 노동으로 말미암아 탄식하
며 부르짖으니 그 고된 노동으로 말미암아
부르짖는 소리가 하나님께 상달된지라

24 하나님이 그들의 고통 소리를 들으시
고 하나님이 아브라함과 이삭과 야곱에
게 세운 그의 언약을 기억하사

25 하나님이 이스라엘 자손을 돌보셨고
하나님이 그들을 기억하셨더라

### 여호와께서 모세를 부르시다

3 모세가 그의 장인 미디안 제사장 이드
로의 양 떼를 치더니 그 떼를 광야 서

17

18

19

20

21

22

23

24

25

여호와께서 모세를 부르시다

3

쪽으로 인도하여 하나님의 산 호렙에 이
르매
2 여호와의 사자가 떨기나무 가운데로부
터 나오는 불꽃 안에서 그에게 나타나시
니라 그가 보니 떨기나무에 불이 붙었으
나 그 떨기나무가 사라지지 아니하는지라
3 이에 모세가 이르되 내가 돌이켜 가서
이 큰 광경을 보리라 떨기나무가 어찌하
여 타지 아니하는고 하니 그 때에
4 여호와께서 그가 보려고 돌이켜 오는
것을 보신지라 하나님이 떨기나무 가운
데서 그를 불러 이르시되 모세야 모세야
하시매 그가 이르되 내가 여기 있나이다
5 하나님이 이르시되 이리로 가까이 오
지 말라 네가 선 곳은 거룩한 땅이니 네
발에서 신을 벗으라
6 또 이르시되 나는 네 조상의 하나님이
니 아브라함의 하나님, 이삭의 하나님, 야
곱의 하나님이니라 모세가 하나님 뵈옵
기를 두려워하여 얼굴을 가리매
7 여호와께서 이르시되 내가 애굽에 있
는 내 백성의 고통을 분명히 보고 그들이
그들의 감독자로 말미암아 부르짖음을
듣고 그 근심을 알고
8 내가 내려가서 그들을 애굽인의 손에
서 건져내고 그들을 그 땅에서 인도하여
아름답고 광대한 땅, 젖과 꿀이 흐르는 땅
곧 가나안 족속, 헷 족속, 아모리 족속, 브
리스 족속, 히위 족속, 여부스 족속의 지
방에 데려가려 하노라

2
3
4
5
6
7
8

9 이제 가라 이스라엘 자손의 부르짖음
이 내게 달하고 애굽 사람이 그들을 괴롭
히는 학대도 내가 보았으니

10 이제 내가 너를 바로에게 보내어 너에
게 내 백성 이스라엘 자손을 애굽에서 인
도하여 내게 하리라

11 모세가 하나님께 아뢰되 내가 누구이
기에 바로에게 가며 이스라엘 자손을 애
굽에서 인도하여 내리이까

12 하나님이 이르시되 내가 반드시 너와 함
께 있으리라 네가 그 백성을 애굽에서 인도
하여 낸 후에 너희가 이 산에서 하나님을
섬기리니 이것이 내가 너를 보낸 증거니라

13 모세가 하나님께 아뢰되 내가 이스라
엘 자손에게 가서 이르기를 너희의 조상
의 하나님이 나를 너희에게 보내셨다 하
면 그들이 내게 묻기를 그의 이름이 무엇
이냐 하리니 내가 무엇이라고 그들에게
말하리이까

14 하나님이 모세에게 이르시되 나는 스
스로 있는 자이니라 또 이르시되 너는 이
스라엘 자손에게 이같이 이르기를 스스로
있는 자가 나를 너희에게 보내셨다 하라

15 하나님이 또 모세에게 이르시되 너는
이스라엘 자손에게 이같이 이르기를 너
희 조상의 하나님 여호와 곧 아브라함의
하나님, 이삭의 하나님, 야곱의 하나님께
서 나를 너희에게 보내셨다 하라 이는 나
의 영원한 이름이요 대대로 기억할 나의
칭호니라

9

10

11

12

13

14

15

16 너는 가서 이스라엘의 장로들을 모으
고 그들에게 이르기를 여호와 너희 조상
의 하나님 곧 아브라함과 이삭과 야곱의
하나님이 내게 나타나 이르시되 내가 너
희를 돌보아 너희가 애굽에서 당한 일을
확실히 보았노라

17 내가 말하였거니와 내가 너희를 애굽
의 고난 중에서 인도하여 내어 젖과 꿀이
흐르는 땅 곧 가나안 족속, 헷 족속, 아모리
족속, 브리스 족속, 히위 족속, 여부스 족속
의 땅으로 올라가게 하리라 하셨다 하면

18 그들이 네 말을 들으리니 너는 그들의
장로들과 함께 애굽 왕에게 이르기를 히
브리 사람의 하나님 여호와께서 우리에
게 임하셨은즉 우리가 우리 하나님 여호
와께 제사를 드리려 하오니 사흘길쯤 광
야로 가도록 허락하소서 하라

19 내가 아노니 강한 손으로 치기 전에는
애굽 왕이 너희가 가도록 허락하지 아니
하다가

20 내가 내 손을 들어 애굽 중에 여러 가
지 이적으로 그 나라를 친 후에야 그가 너
희를 보내리라

21 내가 애굽 사람으로 이 백성에게 은혜
를 입히게 할지라 너희가 나갈 때에 빈손
으로 가지 아니하리니

22 여인들은 모두 그 이웃 사람과 및 자기
집에 거류하는 여인에게 은 패물과 금 패
물과 의복을 구하여 너희의 자녀를 꾸미라
너희는 애굽 사람들의 물품을 취하리라

16

17

18

19

20

21

22

여호와께서 모세에게 능력을 주시다

**4** 모세가 대답하여 이르되 그러나 그들
이 나를 믿지 아니하며 내 말을 듣지
아니하고 이르기를 여호와께서 네게 나
타나지 아니하셨다 하리이다

2 여호와께서 그에게 이르시되 네 손에
있는 것이 무엇이냐 그가 이르되 지팡이
니이다

3 여호와께서 이르시되 그것을 땅에 던
지라 하시매 곧 땅에 던지니 그것이 뱀이
된지라 모세가 뱀 앞에서 피하매

4 여호와께서 모세에게 이르시되 네 손
을 내밀어 그 꼬리를 잡으라 그가 손을 내
밀어 그것을 잡으니 그의 손에서 지팡이
가 된지라

5 이는 그들에게 그들의 조상의 하나님 곧
아브라함의 하나님, 이삭의 하나님, 야곱의
하나님 여호와가 네게 나타난 줄을 믿게 하
려 함이라 하시고

6 여호와께서 또 그에게 이르시되 네 손
을 품에 넣으라 하시매 그가 손을 품에 넣
었다가 내어보니 그의 손에 나병이 생겨
눈 같이 된지라

7 이르시되 네 손을 다시 품에 넣으라 하
시매 그가 다시 손을 품에 넣었다가 내어
보니 그의 손이 본래의 살로 되돌아왔더
라

8 여호와께서 이르시되 만일 그들이 너
를 믿지 아니하며 그 처음 표적의 표징을
받지 아니하여도 나중 표적의 표징은 믿

여호와께서 모세에게 능력을 주시다

**4**

2

3

4

5

6

7

8

**으리라**

9 **그들이 이 두 이적을 믿지 아니하며 네**
**말을 듣지 아니하거든 너는 나일 강 물을**
**조금 떠다가 땅에 부으라 네가 떠온 나일**
**강 물이 땅에서 피가 되리라**

10 **모세가 여호와께 아뢰되 오 주여 나는**
**본래 말을 잘 하지 못하는 자니이다 주께**
**서 주의 종에게 명령하신 후에도 역시 그**
**러하니 나는 입이 뻣뻣하고 혀가 둔한 자**
**니이다**

11 **여호와께서 그에게 이르시되 누가 사**
**람의 입을 지었느냐 누가 말 못 하는 자나**
**못 듣는 자나 눈 밝은 자나 맹인이 되게**
**하였느냐 나 여호와가 아니냐**

12 **이제 가라 내가 네 입과 함께 있어서**
**할 말을 가르치리라**

13 **모세가 이르되 오 주여 보낼 만한 자를**
**보내소서**

14 **여호와께서 모세를 향하여 노하여 이**
**르시되 레위 사람 네 형 아론이 있지 아니**
**하냐 그가 말 잘 하는 것을 내가 아노라**
**그가 너를 만나러 나오나니 그가 너를 볼**
**때에 그의 마음에 기쁨이 있을 것이라**

15 **너는 그에게 말하고 그의 입에 할 말을**
**주라 내가 네 입과 그의 입에 함께 있어서**
**너희들이 행할 일을 가르치리라**

16 **그가 너를 대신하여 백성에게 말할 것**
**이니 그는 네 입을 대신할 것이요 너는 그**
**에게 하나님 같이 되리라**

9

10

11

12

13

14

15

16

17 너는 이 지팡이를 손에 잡고 이것으로
이적을 행할지니라

### 모세가 애굽으로 돌아가다

18 모세가 그의 장인 이드로에게로 돌아가
서 그에게 이르되 내가 애굽에 있는 내 형
제들에게로 돌아가서 그들이 아직 살아 있
는지 알아보려 하오니 나로 가게 하소서
이드로가 모세에게 평안히 가라 하니라

19 여호와께서 미디안에서 모세에게 이
르시되 애굽으로 돌아가라 네 목숨을 노
리던 자가 다 죽었느니라

20 모세가 그의 아내와 아들들을 나귀에
태우고 애굽으로 돌아가는데 모세가 하
나님의 지팡이를 손에 잡았더라

21 여호와께서 모세에게 이르시되 네가
애굽으로 돌아가거든 내가 네 손에 준 이
적을 바로 앞에서 다 행하라 그러나 내가
그의 마음을 완악하게 한즉 그가 백성을
보내 주지 아니하리니

22 너는 바로에게 이르기를 여호와의 말씀
에 이스라엘은 내 아들 내 장자라

23 내가 네게 이르기를 내 아들을 보내 주
어 나를 섬기게 하라 하여도 네가 보내 주
기를 거절하니 내가 네 아들 네 장자를 죽
이리라 하셨다 하라 하시니라

24 모세가 길을 가다가 숙소에 있을 때에
여호와께서 그를 만나사 그를 죽이려 하
신지라

25 십보라가 돌칼을 가져다가 그의 아들의
포피를 베어 그의 발에 갖다 대며 이르되

17

모세가 애굽으로 돌아가다

18

19

20

21

22

23

24

25

당신은 참으로 내게 피 남편이로다 하니

26 여호와께서 그를 놓아 주시니라 그 때
에 십보라가 피 남편이라 함은 할례 때문
이었더라

27 여호와께서 아론에게 이르시되 광야에
가서 모세를 맞으라 하시매 그가 가서 하나
님의 산에서 모세를 만나 그에게 입맞추니

28 모세가 여호와께서 자기에게 분부하
여 보내신 모든 말씀과 여호와께서 자기
에게 명령하신 모든 이적을 아론에게 알
리니라

29 모세와 아론이 가서 이스라엘 자손의
모든 장로를 모으고

30 아론이 여호와께서 모세에게 이르신
모든 말씀을 전하고 그 백성 앞에서 이적
을 행하니

31 백성이 믿으며 여호와께서 이스라엘
자손을 찾으시고 그들의 고난을 살피셨
다 함을 듣고 머리 숙여 경배하였더라

### 모세와 아론이 바로 앞에 서다

5 그 후에 모세와 아론이 바로에게 가서
이르되 이스라엘의 하나님 여호와께
서 이렇게 말씀하시기를 내 백성을 보내
라 그러면 그들이 광야에서 내 앞에 절기
를 지킬 것이니라 하셨나이다

2 바로가 이르되 여호와가 누구이기에
내가 그의 목소리를 듣고 이스라엘을 보
내겠느냐 나는 여호와를 알지 못하니 이
스라엘을 보내지 아니하리라

26

27

28

29

30

31

모세와 아론이 바로 앞에 서다

5

2

3 그들이 이르되 히브리인의 하나님이
우리에게 나타나셨은즉 우리가 광야로
사흘길쯤 가서 우리 하나님 여호와께 제
사를 드리려 하오니 가도록 허락하소서
여호와께서 전염병이나 칼로 우리를 치
실까 두려워하나이다

4 애굽 왕이 그들에게 이르되 모세와 아
론아 너희가 어찌하여 백성의 노역을 쉬
게 하려느냐 가서 너희의 노역이나 하라

5 바로가 또 이르되 이제 이 땅의 백성이
많아졌거늘 너희가 그들로 노역을 쉬게
하는도다 하고

6 바로가 그 날에 백성의 감독들과 기록
원들에게 명령하여 이르되

7 너희는 백성에게 다시는 벽돌에 쓸 짚
을 전과 같이 주지 말고 그들이 가서 스스
로 짚을 줍게 하라

8 또 그들이 전에 만든 벽돌 수효대로 그
들에게 만들게 하고 감하지 말라 그들이
게으르므로 소리 질러 이르기를 우리가 가
서 우리 하나님께 제사를 드리자 하나니

9 그 사람들의 노동을 무겁게 함으로 수
고롭게 하여 그들로 거짓말을 듣지 않게
하라

10 백성의 감독들과 기록원들이 나가서
백성에게 말하여 이르되 바로가 이렇게
말하기를 내가 너희에게 짚을 주지 아니
하리니

11 너희는 짚을 찾을 곳으로 가서 주우라
그러나 너희 일은 조금도 감하지 아니하

3

4

5

6

7

8

9

10

11

리라 하셨느니라
12 백성이 애굽 온 땅에 흩어져 곡초 그루
터기를 거두어다가 짚을 대신하니
13 감독들이 그들을 독촉하여 이르되 너
희는 짚이 있을 때와 같이 그 날의 일을
그 날에 마치라 하며
14 바로의 감독들이 자기들이 세운 바 이
스라엘 자손의 기록원들을 때리며 이르
되 너희가 어찌하여 어제와 오늘에 만드
는 벽돌의 수효를 전과 같이 채우지 아니
하였느냐 하니라
15 이스라엘 자손의 기록원들이 가서 바
로에게 호소하여 이르되 왕은 어찌하여
당신의 종들에게 이같이 하시나이까
16 당신의 종들에게 짚을 주지 아니하고
그들이 우리에게 벽돌을 만들라 하나이
다 당신의 종들이 매를 맞사오니 이는 당
신의 백성의 죄니이다
17 바로가 이르되 너희가 게으르다 게으
르다 그러므로 너희가 이르기를 우리가
가서 여호와께 제사를 드리자 하는도다
18 이제 가서 일하라 짚은 너희에게 주지
않을지라도 벽돌은 너희가 수량대로 바
칠지니라
19 기록하는 일을 맡은 이스라엘 자손들
이 너희가 매일 만드는 벽돌을 조금도 감
하지 못하리라 함을 듣고 화가 몸에 미친
줄 알고
20 그들이 바로를 떠나 나올 때에 모세와

12

13

14

15

16

17

18

19

20

아론이 길에 서 있는 것을 보고
21 그들에게 이르되 너희가 우리를 바로
의 눈과 그의 신하의 눈에 미운 것이 되게
하고 그들의 손에 칼을 주어 우리를 죽이
게 하는도다 여호와는 너희를 살피시고
판단하시기를 원하노라

### 모세가 여호와께 아뢰다

22 모세가 여호와께 돌아와서 아뢰되 주
여 어찌하여 이 백성이 학대를 당하게 하
셨나이까 어찌하여 나를 보내셨나이까
23 내가 바로에게 들어가서 주의 이름으
로 말한 후로부터 그가 이 백성을 더 학대
하며 주께서도 주의 백성을 구원하지 아
니하시나이다

6 여호와께서 모세에게 이르시되 이제
내가 바로에게 하는 일을 네가 보리라
강한 손으로 말미암아 바로가 그들을 보
내리라 강한 손으로 말미암아 바로가 그
들을 그의 땅에서 쫓아내리라

### 하나님이 모세를 부르시다

2 하나님이 모세에게 말씀하여 이르시
되 나는 여호와이니라
3 내가 아브라함과 이삭과 야곱에게 전
능의 하나님으로 나타났으나 나의 이름을
여호와로는 그들에게 알리지 아니하였고
4 가나안 땅 곧 그들이 거류하는 땅을 그
들에게 주기로 그들과 언약하였더니
5 이제 애굽 사람이 종으로 삼은 이스라
엘 자손의 신음 소리를 내가 듣고 나의 언

21

모세가 여호와께 아뢰다

22

23

6

하나님이 모세를 부르시다

2

3

4

5

약을 기억하노라

6 그러므로 이스라엘 자손에게 말하기
를 나는 여호와라 내가 애굽 사람의 무거
운 짐 밑에서 너희를 빼내며 그들의 노역
에서 너희를 건지며 편 팔과 여러 큰 심판
들로써 너희를 속량하여

7 너희를 내 백성으로 삼고 나는 너희의
하나님이 되리니 나는 애굽 사람의 무거
운 짐 밑에서 너희를 빼낸 너희의 하나님
여호와인 줄 너희가 알지라

8 내가 아브라함과 이삭과 야곱에게 주
기로 맹세한 땅으로 너희를 인도하고 그
땅을 너희에게 주어 기업을 삼게 하리라
나는 여호와라 하셨다 하라

9 모세가 이와 같이 이스라엘 자손에게
전하나 그들이 마음의 상함과 가혹한 노
역으로 말미암아 모세의 말을 듣지 아니
하였더라

10 여호와께서 모세에게 말씀하여 이르시
되

11 들어가서 애굽 왕 바로에게 말하여 이
스라엘 자손을 그 땅에서 내보내게 하라

12 모세가 여호와 앞에 아뢰어 이르되 이
스라엘 자손도 내 말을 듣지 아니하였거
든 바로가 어찌 들으리이까 나는 입이 둔
한 자니이다

13 여호와께서 모세와 아론에게 말씀하사
그들로 이스라엘 자손과 애굽 왕 바로에
게 명령을 전하고 이스라엘 자손을 애굽
땅에서 인도하여 내게 하시니라

모세와 아론의 조상

14 그들의 조상을 따라 집의 어른은 이러
하니라 이스라엘의 장자 르우벤의 아들
은 하녹과 발루와 헤스론과 갈미니 이들
은 르우벤의 족장이요

15 시므온의 아들들은 여무엘과 야민과
오핫과 야긴과 소할과 가나안 여인의 아
들 사울이니 이들은 시므온의 가족이요

16 레위의 아들들의 이름은 그들의 족보
대로 이러하니 게르손과 고핫과 므라리
요 레위의 나이는 백삼십칠 세였으며

17 게르손의 아들들은 그들의 가족대로
립니와 시므이요

18 고핫의 아들들은 아므람과 이스할과
헤브론과 웃시엘이요 고핫의 나이는 백
삼십삼 세였으며

19 므라리의 아들들은 마흘리와 무시니
이들은 그들의 족보대로 레위의 족장이요

20 아므람은 그들의 아버지의 누이 요게
벳을 아내로 맞이하였고 그는 아론과 모
세를 낳았으며 아므람의 나이는 백삼십
칠 세였으며

21 이스할의 아들들은 고라와 네벡과 시
그리요

22 웃시엘의 아들들은 미사엘과 엘사반
과 시드리요

23 아론은 암미나답의 딸 나손의 누이 엘
리세바를 아내로 맞이하였고 그는 나답
과 아비후와 엘르아살과 이다말을 낳았

모세와 아론의 조상

14

15

16

17

18

19

20

21

22

23

**으며**

**24 고라의 아들들은 앗실과 엘가나와 아**
**비아삽이니 이들은 고라 사람의 족장이**
**요**

**25 아론의 아들 엘르아살은 부디엘의 딸**
**중에서 아내를 맞이하였고 그는 비느하**
**스를 낳았으니 이들은 레위 사람의 조상**
**을 따라 가족의 어른들이라**

**26 이스라엘 자손을 그들의 군대대로 애굽**
**땅에서 인도하라 하신 여호와의 명령을 받**
**은 자는 이 아론과 모세요**

**27 애굽 왕 바로에게 이스라엘 자손을 애**
**굽에서 내보내라 말한 사람도 이 모세와**
**아론이었더라**

여호와께서 모세와 아론에게 명령하시다

**28 여호와께서 애굽 땅에서 모세에게 말**
**씀하시던 날에**

**29 여호와께서 모세에게 말씀하여 이르**
**시되 나는 여호와라 내가 네게 이르는 바**
**를 너는 애굽 왕 바로에게 다 말하라**

**30 모세가 여호와 앞에서 아뢰되 나는 입**
**이 둔한 자이오니 바로가 어찌 나의 말을**
**들으리이까**

**7 여호와께서 모세에게 이르시되 볼지**
**어다 내가 너를 바로에게 신 같이 되**
**게 하였은즉 네 형 아론은 네 대언자가**
**되리니**

**2 내가 네게 명령한 바를 너는 네 형 아**
**론에게 말하고 그는 바로에게 말하여 그**
**에게 이스라엘 자손을 그 땅에서 내보내**

24

25

26

27

여호와께서 모세와 아론에게 명령하시다

28

29

30

7

2

게 할지니라

3 내가 바로의 마음을 완악하게 하고 내
표징과 내 이적을 애굽 땅에서 많이 행할
것이나

4 바로가 너희의 말을 듣지 아니할 터인
즉 내가 내 손을 애굽에 뻗쳐 여러 큰 심
판을 내리고 내 군대, 내 백성 이스라엘
자손을 그 땅에서 인도하여 낼지라

5 내가 내 손을 애굽 위에 펴서 이스라엘
자손을 그 땅에서 인도하여 낼 때에야 애굽
사람이 나를 여호와인 줄 알리라 하시매

6 모세와 아론이 여호와께서 자기들에
게 명령하신 대로 행하였더라

7 그들이 바로에게 말할 때에 모세는 팔십
세였고 아론은 팔십삼 세였더라

## 뱀이 된 아론의 지팡이

8 여호와께서 모세와 아론에게 말씀하
여 이르시되

9 바로가 너희에게 이르기를 너희는 이
적을 보이라 하거든 너는 아론에게 말하
기를 너의 지팡이를 들어서 바로 앞에 던
지라 하라 그것이 뱀이 되리라

10 모세와 아론이 바로에게 가서 여호와
께서 명령하신 대로 행하여 아론이 바로
와 그의 신하 앞에 지팡이를 던지니 뱀이
된지라

11 바로도 현인들과 마술사들을 부르매
그 애굽 요술사들도 그들의 요술로 그와
같이 행하되

3
4
5
6
7
뱀이 된 아론의 지팡이
8
9
10
11

12 각 사람이 지팡이를 던지매 뱀이 되었
으나 아론의 지팡이가 그들의 지팡이를
삼키니라

13 그러나 바로의 마음이 완악하여 그들
의 말을 듣지 아니하니 여호와의 말씀과
같더라

첫째 재앙 : 물이 피가 되다

14 여호와께서 모세에게 이르시되 바로의
마음이 완강하여 백성 보내기를 거절하
는도다

15 아침에 너는 바로에게로 가라 보라 그
가 물 있는 곳으로 나오리니 너는 나일 강
가에 서서 그를 맞으며 그 뱀 되었던 지팡
이를 손에 잡고

16 그에게 이르기를 히브리 사람의 하나
님 여호와께서 나를 왕에게 보내어 이르
시되 내 백성을 보내라 그러면 그들이 광
야에서 나를 섬길 것이니라 하였으나 이
제까지 네가 듣지 아니하도다

17 여호와가 이같이 이르노니 네가 이로
말미암아 나를 여호와인 줄 알리라 볼지
어다 내가 내 손의 지팡이로 나일 강을 치
면 그것이 피로 변하고

18 나일 강의 고기가 죽고 그 물에서는 악
취가 나리니 애굽 사람들이 그 강 물 마시
기를 싫어하리라 하라

19 여호와께서 또 모세에게 이르시되 아
론에게 명령하기를 네 지팡이를 잡고 네
팔을 애굽의 물들과 강들과 운하와 못과
모든 호수 위에 내밀라 하라 그것들이 피

12

13

첫째 재앙 : 물이 피가 되다

14

15

16

17

18

19

가 되리니 애굽 온 땅과 나무 그릇과 돌
그릇 안에 모두 피가 있으리라

20 모세와 아론이 여호와께서 명령하신
대로 행하여 바로와 그의 신하의 목전에
서 지팡이를 들어 나일 강을 치니 그 물이
다 피로 변하고

21 나일 강의 고기가 죽고 그 물에서는 악
취가 나니 애굽 사람들이 나일 강 물을 마
시지 못하며 애굽 온 땅에는 피가 있으나

22 애굽 요술사들도 자기들의 요술로 그
와 같이 행하므로 바로의 마음이 완악하
여 그들의 말을 듣지 아니하니 여호와의
말씀과 같더라

23 바로가 돌이켜 궁으로 들어가고 그 일
에 관심을 가지지도 아니하였고

24 애굽 사람들은 나일 강 물을 마실 수
없으므로 나일 강 가를 두루 파서 마실 물
을 구하였더라

25 여호와께서 나일 강을 치신 후 이레가
지나니라

### 둘째 재앙 : 개구리가 올라오다

8 여호와께서 모세에게 이르시되 너는
바로에게 가서 그에게 이르기를 여호
와의 말씀에 내 백성을 보내라 그들이 나
를 섬길 것이니라

2 네가 만일 보내기를 거절하면 내가 개
구리로 너의 온 땅을 치리라

3 개구리가 나일 강에서 무수히 생기고
올라와서 네 궁과 네 침실과 네 침상 위와

20
21
22
23
24
25
둘째 재앙 : 개구리가 올라오다
8
2
3

네 신하의 집과 네 백성과 네 화덕과 네
떡 반죽 그릇에 들어갈 것이며

4 개구리가 너와 네 백성과 네 모든 신하
에게 기어오르리라 하셨다 하라

5 여호와께서 모세에게 이르시되 아론
에게 명령하기를 네 지팡이를 잡고 네 팔
을 강들과 운하들과 못 위에 펴서 개구리
들이 애굽 땅에 올라오게 하라 할지니라

6 아론이 애굽 물들 위에 그의 손을 내밀
매 개구리가 올라와서 애굽 땅에 덮이니

7 요술사들도 자기 요술대로 그와 같이
행하여 개구리가 애굽 땅에 올라오게 하
였더라

8 바로가 모세와 아론을 불러 이르되 여
호와께 구하여 나와 내 백성에게서 개구리
를 떠나게 하라 내가 이 백성을 보내리니
그들이 여호와께 제사를 드릴 것이니라

9 모세가 바로에게 이르되 내가 왕과 왕
의 신하와 왕의 백성을 위하여 이 개구리
를 왕과 왕궁에서 끊어 나일 강에만 있도
록 언제 간구하는 것이 좋을는지 내게 분
부하소서

10 그가 이르되 내일이니라 모세가 이르
되 왕의 말씀대로 하여 왕에게 우리 하나
님 여호와와 같은 이가 없는 줄을 알게 하
리니

11 개구리가 왕과 왕궁과 왕의 신하와 왕
의 백성을 떠나서 나일 강에만 있으리이
다 하고

12 모세와 아론이 바로를 떠나 나가서 바

**로에게 내리신 개구리에 대하여 모세가 여호와께 간구하매**

**13 여호와께서 모세의 말대로 하시니 개구리가 집과 마당과 밭에서부터 나와서 죽은지라**

**14 사람들이 모아 무더기로 쌓으니 땅에서 악취가 나더라**

**15 그러나 바로가 숨을 쉴 수 있게 됨을 보았을 때에 그의 마음을 완강하게 하여 그들의 말을 듣지 아니하였으니 여호와께서 말씀하신 것과 같더라**

셋째 재앙 : 티끌이 이가 되다

**16 여호와께서 모세에게 이르시되 아론에게 명령하기를 네 지팡이를 들어 땅의 티끌을 치라 하라 그것이 애굽 온 땅에서 이가 되리라**

**17 그들이 그대로 행할새 아론이 지팡이를 잡고 손을 들어 땅의 티끌을 치매 애굽 온 땅의 티끌이 다 이가 되어 사람과 가축에게 오르니**

**18 요술사들도 자기 요술로 그같이 행하여 이를 생기게 하려 하였으나 못 하였고 이가 사람과 가축에게 생긴지라**

**19 요술사가 바로에게 말하되 이는 하나님의 권능이니이다 하였으나 바로의 마음이 완악하게 되어 그들의 말을 듣지 아니하였으니 여호와의 말씀과 같더라**

넷째 재앙 : 파리가 가득하다

**20 여호와께서 모세에게 이르시되 아침**

13

14

15

셋째 재앙 : 티끌이 이가 되다

16

17

18

19

넷째 재앙 : 파리가 가득하다

20

에 일찍이 일어나 바로 앞에 서라 그가 물
있는 곳으로 나오리니 그에게 이르기를
여호와께서 이와 같이 말씀하시기를 내
백성을 보내라 그러면 그들이 나를 섬길
것이니라

21 네가 만일 내 백성을 보내지 아니하면
내가 너와 네 신하와 네 백성과 네 집들에
파리 떼를 보내리니 애굽 사람의 집집에
파리 떼가 가득할 것이며 그들이 사는 땅
에도 그러하리라

22 그 날에 나는 내 백성이 거주하는 고센
땅을 구별하여 그 곳에는 파리가 없게 하
리니 이로 말미암아 이 땅에서 내가 여호
와인 줄을 네가 알게 될 것이라

23 내가 내 백성과 네 백성 사이를 구별하
리니 내일 이 표징이 있으리라 하셨다 하
라 하시고

24 여호와께서 그와 같이 하시니 무수한
파리가 바로의 궁과 그의 신하의 집과 애
굽 온 땅에 이르니 파리로 말미암아 그 땅
이 황폐하였더라

25 바로가 모세와 아론을 불러 이르되 너
희는 가서 이 땅에서 너희 하나님께 제사
를 드리라

26 모세가 이르되 그리함은 부당하니이
다 우리가 우리 하나님 여호와께 제사를
드리는 것은 애굽 사람이 싫어하는 바인
즉 우리가 만일 애굽 사람의 목전에서 제
사를 드리면 그들이 그것을 미워하여 우
리를 돌로 치지 아니하리이까

21

22

23

24

25

26

27 우리가 사흘길쯤 광야로 들어가서 우
리 하나님 여호와께 제사를 드리되 우리
에게 명령하시는 대로 하려 하나이다

28 바로가 이르되 내가 너희를 보내리니
너희가 너희의 하나님 여호와께 광야에서
제사를 드릴 것이나 너무 멀리 가지는 말
라 그런즉 너희는 나를 위하여 간구하라

29 모세가 이르되 내가 왕을 떠나가서 여
호와께 간구하리니 내일이면 파리 떼가
바로와 바로의 신하와 바로의 백성을 떠
나려니와 바로는 이 백성을 보내어 여호
와께 제사를 드리는 일에 다시 거짓을 행
하지 마소서 하고

30 모세가 바로를 떠나 나와서 여호와께
간구하니

31 여호와께서 모세의 말대로 하시니 그
파리 떼가 바로와 그의 신하와 그의 백성
에게서 떠나니 하나도 남지 아니하였더라

32 그러나 바로가 이 때에도 그의 마음을
완강하게 하여 그 백성을 보내지 아니하
였더라

### 다섯째 재앙 : 가축의 죽음

9 여호와께서 모세에게 이르시되 바로에
게 들어가서 그에게 이르라 히브리 사
람의 하나님 여호와께서 말씀하시기를 내
백성을 보내라 그들이 나를 섬길 것이니라

2 네가 만일 보내기를 거절하고 억지로
잡아두면

3 여호와의 손이 들에 있는 네 가축 곧 말
과 나귀와 낙타와 소와 양에게 더하리니 심

27

28

29

30

31

32

다섯째 재앙 : 가축의 죽음

9

2

3

한 돌림병이 있을 것이며
4 여호와가 이스라엘의 가축과 애굽의
가축을 구별하리니 이스라엘 자손에게 속
한 것은 하나도 죽지 아니하리라 하셨다
하라 하시고
5 여호와께서 기한을 정하여 이르시되
여호와가 내일 이 땅에서 이 일을 행하리
라 하시더니
6 이튿날에 여호와께서 이 일을 행하시
니 애굽의 모든 가축은 죽었으나 이스라
엘 자손의 가축은 하나도 죽지 아니한지
라
7 바로가 사람을 보내어 본즉 이스라엘
의 가축은 하나도 죽지 아니하였더라 그
러나 바로의 마음이 완강하여 백성을 보
내지 아니하니라

여섯째 재앙 : 악성 종기가 생기다

8 여호와께서 모세와 아론에게 이르시되
너희는 화덕의 재 두 움큼을 가지고 모세
가 바로의 목전에서 하늘을 향하여 날리라
9 그 재가 애굽 온 땅의 티끌이 되어 애
굽 온 땅의 사람과 짐승에게 붙어서 악성
종기가 생기리라
10 그들이 화덕의 재를 가지고 바로 앞에
서서 모세가 하늘을 향하여 날리니 사람
과 짐승에게 붙어 악성 종기가 생기고
11 요술사들도 악성 종기로 말미암아 모
세 앞에 서지 못하니 악성 종기가 요술사
들로부터 애굽 모든 사람에게 생겼음이라
12 그러나 여호와께서 바로의 마음을 완

4

5

6

7

여섯째 재앙 : 악성 종기가 생기다

8

9

10

11

12

**악하게 하셨으므로 그들의 말을 듣지 아
니하였으니 여호와께서 모세에게 말씀하
심과 같더라**

일곱째 재앙 : 우박이 내리다

13 **여호와께서 모세에게 이르시되 아침
에 일찍이 일어나 바로 앞에 서서 그에게
이르기를 히브리 사람의 하나님 여호와
의 말씀에 내 백성을 보내라 그들이 나를
섬길 것이니라**

14 **내가 이번에는 모든 재앙을 너와 네 신
하와 네 백성에게 내려 온 천하에 나와 같
은 자가 없음을 네가 알게 하리라**

15 **내가 손을 펴서 돌림병으로 너와 네 백
성을 쳤더라면 네가 세상에서 끊어졌을
것이나**

16 **내가 너를 세웠음은 나의 능력을 네게
보이고 내 이름이 온 천하에 전파되게 하
려 하였음이니라**

17 **네가 여전히 내 백성 앞에 교만하여 그
들을 보내지 아니하느냐**

18 **내일 이맘때면 내가 무거운 우박을 내
리리니 애굽 나라가 세워진 그 날로부터
지금까지 그와 같은 일이 없었더라**

19 **이제 사람을 보내어 네 가축과 네 들에
있는 것을 다 모으라 사람이나 짐승이나
무릇 들에 있어서 집에 돌아오지 않는 것
들에게는 우박이 그 위에 내리리니 그것
들이 죽으리라 하셨다 하라 하시니라**

20 **바로의 신하 중에 여호와의 말씀을 두
려워하는 자들은 그 종들과 가축을 집으**

일곱째 재앙 : 우박이 내리다

13

14

15

16

17

18

19

20

로 피하여 들였으나
21 여호와의 말씀을 마음에 두지 아니하
는 사람은 그의 종들과 가축을 들에 그대
로 두었더라
22 여호와께서 모세에게 이르시되 너는
하늘을 향하여 손을 들어 애굽 전국에 우
박이 애굽 땅의 사람과 짐승과 밭의 모든
채소에 내리게 하라
23 모세가 하늘을 향하여 지팡이를 들매
여호와께서 우렛소리와 우박을 보내시고
불을 내려 땅에 달리게 하시니라 여호와
께서 우박을 애굽 땅에 내리시매
24 우박이 내림과 불덩이가 우박에 섞여
내림이 심히 맹렬하니 나라가 생긴 그 때
로부터 애굽 온 땅에는 그와 같은 일이 없
었더라
25 우박이 애굽 온 땅에서 사람과 짐승을
막론하고 밭에 있는 모든 것을 쳤으며 우
박이 또 밭의 모든 채소를 치고 들의 모든
나무를 꺾었으되
26 이스라엘 자손들이 있는 그 곳 고센 땅
에는 우박이 없었더라
27 바로가 사람을 보내어 모세와 아론을
불러 그들에게 이르되 이번은 내가 범죄
하였노라 여호와는 의로우시고 나와 나
의 백성은 악하도다
28 여호와께 구하여 이 우렛소리와 우박
을 그만 그치게 하라 내가 너희를 보내리
니 너희가 다시는 머물지 아니하리라
29 모세가 그에게 이르되 내가 성에서 나

21

22

23

24

25

26

27

28

29

가서 곧 내 손을 여호와를 향하여 펴리니
그리하면 우렛소리가 그치고 우박이 다시
있지 아니할지라 세상이 여호와께 속한
줄을 왕이 알리이다

30 그러나 왕과 왕의 신하들이 여호와 하
나님을 아직도 두려워하지 아니할 줄을
내가 아나이다

31 그 때에 보리는 이삭이 나왔고 삼은 꽃
이 피었으므로 삼과 보리가 상하였으나

32 그러나 밀과 쌀보리는 자라지 아니한
고로 상하지 아니하였더라

33 모세가 바로를 떠나 성에서 나가 여호
와를 향하여 손을 펴매 우렛소리와 우박
이 그치고 비가 땅에 내리지 아니하니라

34 바로가 비와 우박과 우렛소리가 그친
것을 보고 다시 범죄하여 마음을 완악하
게 하니 그와 그의 신하가 꼭 같더라

35 바로의 마음이 완악하여 이스라엘 자
손을 내보내지 아니하였으니 여호와께서
모세에게 말씀하심과 같더라

### 여덟째 재앙 : 메뚜기가 땅을 덮다

10 여호와께서 모세에게 이르시되 바
로에게로 들어가라 내가 그의 마음
과 그의 신하들의 마음을 완강하게 함은
나의 표징을 그들 중에 보이기 위함이며

2 네게 내가 애굽에서 행한 일들 곧 내가
그들 가운데에서 행한 표징을 네 아들과
네 자손의 귀에 전하기 위함이라 너희는
내가 여호와인 줄을 알리라

30

31

32

33

34

35

여덟째 재앙 : 메뚜기가 땅을 덮다

10

2

3 모세와 아론이 바로에게 들어가서 그
에게 이르되 히브리 사람의 하나님 여호
와께서 말씀하시기를 네가 어느 때까지
내 앞에 겸비하지 아니하겠느냐 내 백성
을 보내라 그들이 나를 섬길 것이라

4 네가 만일 내 백성 보내기를 거절하면
내일 내가 메뚜기를 네 경내에 들어가게
하리니

5 메뚜기가 지면을 덮어서 사람이 땅을
볼 수 없을 것이라 메뚜기가 네게 남은 그
것 곧 우박을 면하고 남은 것을 먹으며 너
희를 위하여 들에서 자라나는 모든 나무
를 먹을 것이며

6 또 네 집들과 네 모든 신하의 집들과 모
든 애굽 사람의 집들에 가득하리니 이는
네 아버지와 네 조상이 이 땅에 있었던 그
날로부터 오늘까지 보지 못하였던 것이리
라 하셨다 하고 돌이켜 바로에게서 나오니

7 바로의 신하들이 그에게 말하되 어느
때까지 이 사람이 우리의 함정이 되리이
까 그 사람들을 보내어 그들의 하나님 여
호와를 섬기게 하소서 왕은 아직도 애굽
이 망한 줄을 알지 못하시나이까 하고

8 모세와 아론을 바로에게로 다시 데려
오니 바로가 그들에게 이르되 가서 너희
의 하나님 여호와를 섬기라 갈 자는 누구
누구냐

9 모세가 이르되 우리가 여호와 앞에 절
기를 지킬 것인즉 우리가 남녀 노소와 양
과 소를 데리고 가겠나이다

3

4

5

6

7

8

9

10 바로가 그들에게 이르되 내가 너희와
너희의 어린 아이들을 보내면 여호와가
너희와 함께 함과 같으니라 보라 그것이
너희에게는 나쁜 것이니라

11 그렇게 하지 말고 너희 장정만 가서 여
호와를 섬기라 이것이 너희가 구하는 바니
라 이에 그들이 바로 앞에서 쫓겨나니라

12 여호와께서 모세에게 이르시되 애굽
땅 위에 네 손을 내밀어 메뚜기를 애굽 땅
에 올라오게 하여 우박에 상하지 아니한
밭의 모든 채소를 먹게 하라

13 모세가 애굽 땅 위에 그 지팡이를 들매
여호와께서 동풍을 일으켜 온 낮과 온 밤
에 불게 하시니 아침이 되매 동풍이 메뚜
기를 불어 들인지라

14 메뚜기가 애굽 온 땅에 이르러 그 사방
에 내리매 그 피해가 심하니 이런 메뚜기
는 전에도 없었고 후에도 없을 것이라

15 메뚜기가 온 땅을 덮어 땅이 어둡게 되
었으며 메뚜기가 우박에 상하지 아니한
밭의 채소와 나무 열매를 다 먹었으므로
애굽 온 땅에서 나무나 밭의 채소나 푸른
것은 남지 아니하였더라

16 바로가 모세와 아론을 급히 불러 이르
되 내가 너희의 하나님 여호와와 너희에
게 죄를 지었으니

17 바라건대 이번만 나의 죄를 용서하고
너희의 하나님 여호와께 구하여 이 죽음
만은 내게서 떠나게 하라

10

11

12

13

14

15

16

17

18 그가 바로에게서 나가서 여호와께 구
하매

19 여호와께서 돌이켜 강렬한 서풍을 불
게 하사 메뚜기를 홍해에 몰아넣으시니
애굽 온 땅에 메뚜기가 하나도 남지 아니
하니라

20 그러나 여호와께서 바로의 마음을 완
악하게 하셨으므로 이스라엘 자손을 보
내지 아니하였더라

아홉째 재앙 : 흑암이 땅에 있다

21 여호와께서 모세에게 이르시되 하늘을
향하여 네 손을 내밀어 애굽 땅 위에 흑암
이 있게 하라 곧 더듬을 만한 흑암이리라

22 모세가 하늘을 향하여 손을 내밀매 캄캄
한 흑암이 삼 일 동안 애굽 온 땅에 있어서

23 그 동안은 사람들이 서로 볼 수 없으며
자기 처소에서 일어나는 자가 없으되 온
이스라엘 자손들이 거주하는 곳에는 빛
이 있었더라

24 바로가 모세를 불러서 이르되 너희는
가서 여호와를 섬기되 너희의 양과 소는
머물러 두고 너희 어린 것들은 너희와 함
께 갈지니라

25 모세가 이르되 왕이라도 우리 하나님
여호와께 드릴 제사와 번제물을 우리에
게 주어야 하겠고

26 우리의 가축도 우리와 함께 가고 한 마
리도 남길 수 없으니 이는 우리가 그 중에
서 가져다가 우리 하나님 여호와를 섬길
것임이며 또 우리가 거기에 이르기까지

18

19

20

아홉째 재앙 : 흑암이 땅에 있다

21

22

23

24

25

26

는 어떤 것으로 여호와를 섬길는지 알지
못함이니이다 하나
27 여호와께서 바로의 마음을 완악하게
하셨으므로 그들 보내기를 기뻐하지 아
니하고
28 바로가 모세에게 이르되 너는 나를 떠나
가고 스스로 삼가 다시 내 얼굴을 보지 말
라 네가 내 얼굴을 보는 날에는 죽으리라
29 모세가 이르되 당신이 말씀하신 대로
내가 다시는 당신의 얼굴을 보지 아니하
리이다

### 처음 난 것의 죽음을 경고하다

11 여호와께서 모세에게 이르시기를 내
가 이제 한 가지 재앙을 바로와 애굽
에 내린 후에야 그가 너희를 여기서 내보
내리라 그가 너희를 내보낼 때에는 여기
서 반드시 다 쫓아내리니
2 백성에게 말하여 사람들에게 각기 이
웃들에게 은금 패물을 구하게 하라 하시
더니
3 여호와께서 그 백성으로 애굽 사람의
은혜를 받게 하셨고 또 그 사람 모세는 애
굽 땅에 있는 바로의 신하와 백성의 눈에
아주 위대하게 보였더라
4 모세가 바로에게 이르되 여호와께서
이와 같이 말씀하시기를 밤중에 내가 애
굽 가운데로 들어가리니
5 애굽 땅에 있는 모든 처음 난 것은 왕
위에 앉아 있는 바로의 장자로부터 맷돌
뒤에 있는 몸종의 장자와 모든 가축의 처

27

28

29

처음 난 것의 죽음을 경고하다

11

2

3

4

5

음 난 것까지 죽으리니
6 애굽 온 땅에 전무후무한 큰 부르짖음
이 있으리라
7 그러나 이스라엘 자손에게는 사람에
게나 짐승에게나 개 한 마리도 그 혀를 움
직이지 아니하리니 여호와께서 애굽 사
람과 이스라엘 사이를 구별하는 줄을 너
희가 알리라 하셨나니
8 왕의 이 모든 신하가 내게 내려와 내게
절하며 이르기를 너와 너를 따르는 온 백
성은 나가라 한 후에야 내가 나가리라 하
고 심히 노하여 바로에게서 나오니라
9 여호와께서 모세에게 이르시기를 바
로가 너희의 말을 듣지 아니하리라 그러
므로 내가 애굽 땅에서 나의 기적을 더하
리라 하셨고
10 모세와 아론이 이 모든 기적을 바로 앞
에서 행하였으나 여호와께서 바로의 마
음을 완악하게 하셨으므로 그가 이스라
엘 자손을 그 나라에서 보내지 아니하였
더라

유월절

12 여호와께서 애굽 땅에서 모세와 아
론에게 일러 말씀하시되
2 이 달을 너희에게 달의 시작 곧 해의
첫 달이 되게 하고
3 너희는 이스라엘 온 회중에게 말하여
이르라 이 달 열흘에 너희 각자가 어린 양
을 취할지니 각 가족대로 그 식구를 위하
여 어린 양을 취하되

6
7
8
9
10
유월절
12
2
3

4 그 어린 양에 대하여 식구가 너무 적으
면 그 집의 이웃과 함께 사람 수를 따라서
하나를 취하며 각 사람이 먹을 수 있는 분
량에 따라서 너희 어린 양을 계산할 것이며

5 너희 어린 양은 흠 없고 일 년 된 수컷
으로 하되 양이나 염소 중에서 취하고

6 이 달 열나흗날까지 간직하였다가 해
질 때에 이스라엘 회중이 그 양을 잡고

7 그 피를 양을 먹을 집 좌우 문설주와
인방에 바르고

8 그 밤에 그 고기를 불에 구워 무교병과
쓴 나물과 아울러 먹되

9 날것으로나 물에 삶아서 먹지 말고 머
리와 다리와 내장을 다 불에 구워 먹고

10 아침까지 남겨두지 말며 아침까지 남
은 것은 곧 불사르라

11 너희는 그것을 이렇게 먹을지니 허리
에 띠를 띠고 발에 신을 신고 손에 지팡이
를 잡고 급히 먹으라 이것이 여호와의 유
월절이니라

12 내가 그 밤에 애굽 땅에 두루 다니며
사람이나 짐승을 막론하고 애굽 땅에 있
는 모든 처음 난 것을 다 치고 애굽의 모
든 신을 내가 심판하리라 나는 여호와라

13 내가 애굽 땅을 칠 때에 그 피가 너희
가 사는 집에 있어서 너희를 위하여 표적
이 될지라 내가 피를 볼 때에 너희를 넘어
가리니 재앙이 너희에게 내려 멸하지 아
니하리라

14 너희는 이 날을 기념하여 여호와의 절기를 삼아 영원한 규례로 대대로 지킬지니라

### 무교절

15 너희는 이레 동안 무교병을 먹을지니 그 첫날에 누룩을 너희 집에서 제하라 무릇 첫날부터 일곱째 날까지 유교병을 먹는 자는 이스라엘에서 끊어지리라

16 너희에게 첫날에도 성회요 일곱째 날에도 성회가 되리니 너희는 이 두 날에는 아무 일도 하지 말고 각자의 먹을 것만 갖출 것이니라

17 너희는 무교절을 지키라 이 날에 내가 너희 군대를 애굽 땅에서 인도하여 내었음이니라 그러므로 너희가 영원한 규례로 삼아 대대로 이 날을 지킬지니라

18 첫째 달 그 달 열나흗날 저녁부터 이십일일 저녁까지 너희는 무교병을 먹을 것이요

19 이레 동안은 누룩이 너희 집에서 발견되지 아니하도록 하라 무릇 유교물을 먹는 자는 타국인이든지 본국에서 난 자든지를 막론하고 이스라엘 회중에서 끊어지리니

20 너희는 아무 유교물이든지 먹지 말고 너희 모든 유하는 곳에서 무교병을 먹을지니라

### 첫 유월절

21 모세가 이스라엘 모든 장로를 불러서 그들에게 이르되 너희는 나가서 너희의 가족대로 어린 양을 택하여 유월절 양으로 잡고

14

무교절

15

16

17

18

19

20

첫 유월절

21

22 우슬초 묶음을 가져다가 그릇에 담은
피에 적셔서 그 피를 문 인방과 좌우 설주
에 뿌리고 아침까지 한 사람도 자기 집 문
밖에 나가지 말라

23 여호와께서 애굽 사람들에게 재앙을
내리려고 지나가실 때에 문 인방과 좌우
문설주의 피를 보시면 여호와께서 그 문
을 넘으시고 멸하는 자에게 너희 집에 들
어가서 너희를 치지 못하게 하실 것임이
니라

24 너희는 이 일을 규례로 삼아 너희와 너
희 자손이 영원히 지킬 것이니

25 너희는 여호와께서 허락하신 대로 너
희에게 주시는 땅에 이를 때에 이 예식을
지킬 것이라

26 이 후에 너희의 자녀가 묻기를 이 예식
이 무슨 뜻이냐 하거든

27 너희는 이르기를 이는 여호와의 유월
절 제사라 여호와께서 애굽 사람에게 재
앙을 내리실 때에 애굽에 있는 이스라엘
자손의 집을 넘으사 우리의 집을 구원하
셨느니라 하라 하매 백성이 머리 숙여 경
배하니라

28 이스라엘 자손이 물러가서 그대로 행
하되 여호와께서 모세와 아론에게 명령
하신 대로 행하니라

열째 재앙 : 처음 난 것들의 죽음

29 밤중에 여호와께서 애굽 땅에서 모든
처음 난 것 곧 왕위에 앉은 바로의 장자로
부터 옥에 갇힌 사람의 장자까지와 가축

22

23

24

25

26

27

28

열째 재앙 : 처음 난 것들의 죽음

29

의 처음 난 것을 다 치시매
30 그 밤에 바로와 그 모든 신하와 모든 애
굽 사람이 일어나고 애굽에 큰 부르짖음
이 있었으니 이는 그 나라에 죽임을 당하
지 아니한 집이 하나도 없었음이었더라
31 밤에 바로가 모세와 아론을 불러서 이
르되 너희와 이스라엘 자손은 일어나 내
백성 가운데에서 떠나 너희의 말대로 가
서 여호와를 섬기며
32 너희가 말한 대로 너희 양과 너희 소도
몰아가고 나를 위하여 축복하라 하며
33 애굽 사람들은 말하기를 우리가 다 죽
은 자가 되도다 하고 그 백성을 재촉하여
그 땅에서 속히 내보내려 하므로
34 그 백성이 발교되지 못한 반죽 담은 그
릇을 옷에 싸서 어깨에 메니라
35 이스라엘 자손이 모세의 말대로 하여
애굽 사람에게 은금 패물과 의복을 구하매
36 여호와께서 애굽 사람들에게 이스라
엘 백성에게 은혜를 입히게 하사 그들이
구하는 대로 주게 하시므로 그들이 애굽
사람의 물품을 취하였더라

이스라엘이 애굽 땅에서 나오다

37 이스라엘 자손이 라암셋을 떠나서 숙
곳에 이르니 유아 외에 보행하는 장정이
육십만 가량이요
38 수많은 잡족과 양과 소와 심히 많은 가
축이 그들과 함께 하였으며
39 그들이 애굽으로부터 가지고 나온 발

30

31

32

33

34

35

36

이스라엘이 애굽 땅에서 나오다

37

38

39

교되지 못한 반죽으로 무교병을 구웠으
니 이는 그들이 애굽에서 쫓겨나므로 지
체할 수 없었음이며 아무 양식도 준비하
지 못하였음이었더라

40 이스라엘 자손이 애굽에 거주한 지 사
백삼십 년이라

41 사백삼십 년이 끝나는 그 날에 여호와
의 군대가 다 애굽 땅에서 나왔은즉

42 이 밤은 그들을 애굽 땅에서 인도하여
내심으로 말미암아 여호와 앞에 지킬 것
이니 이는 여호와의 밤이라 이스라엘 자
손이 다 대대로 지킬 것이니라

### 유월절 규례

43 여호와께서 모세와 아론에게 이르시
되 유월절 규례는 이러하니라 이방 사람
은 먹지 못할 것이나

44 각 사람이 돈으로 산 종은 할례를 받은
후에 먹을 것이며

45 거류인과 타국 품꾼은 먹지 못하리라

46 한 집에서 먹되 그 고기를 조금도 집 밖
으로 내지 말고 뼈도 꺾지 말지며

47 이스라엘 회중이 다 이것을 지킬지니라

48 너희와 함께 거류하는 타국인이 여호와
의 유월절을 지키고자 하거든 그 모든 남
자는 할례를 받은 후에야 가까이 하여 지
킬지니 곧 그는 본토인과 같이 될 것이나
할례 받지 못한 자는 먹지 못할 것이니라

49 본토인에게나 너희 중에 거류하는 이
방인에게 이 법이 동일하니라 하셨으므로

40
41
42
유월절 규례
43
44
45
46
47
48
49

50 온 이스라엘 자손이 이와 같이 행하되
여호와께서 모세와 아론에게 명령하신
대로 행하였으며

51 바로 그 날에 여호와께서 이스라엘 자
손을 그 무리대로 애굽 땅에서 인도하여
내셨더라

### 무교절

13 여호와께서 모세에게 일러 이르시되
2 이스라엘 자손 중에서 사람이나
짐승을 막론하고 태에서 처음 난 모든 것
은 다 거룩히 구별하여 내게 돌리라 이는
내 것이니라 하시니라

3 모세가 백성에게 이르되 너희는 애굽
곧 종 되었던 집에서 나온 그 날을 기념하
여 유교병을 먹지 말라 여호와께서 그 손
의 권능으로 너희를 그 곳에서 인도해 내
셨음이니라

4 아빕월 이 날에 너희가 나왔으니

5 여호와께서 너를 인도하여 가나안 사
람과 헷 사람과 아모리 사람과 히위 사람
과 여부스 사람의 땅 곧 네게 주시려고 네
조상들에게 맹세하신 바 젖과 꿀이 흐르
는 땅에 이르게 하시거든 너는 이 달에 이
예식을 지켜

6 이레 동안 무교병을 먹고 일곱째 날에
는 여호와께 절기를 지키라

7 이레 동안에는 무교병을 먹고 유교병
을 네게 보이지 아니하게 하며 네 땅에서
누룩을 네게 보이지 아니하게 하라

8 너는 그 날에 네 아들에게 보여 이르기

50

51

무교절

13
2

3

4
5

6

7

8

를 이 예식은 내가 애굽에서 나올 때에 여
호와께서 나를 위하여 행하신 일로 말미
암음이라 하고

9 이것으로 네 손의 기호와 네 미간의 표
를 삼고 여호와의 율법이 네 입에 있게 하
라 이는 여호와께서 강하신 손으로 너를
애굽에서 인도하여 내셨음이니

10 해마다 절기가 되면 이 규례를 지킬지
니라

태에서 처음 난 것

11 여호와께서 너와 네 조상에게 맹세하
신 대로 너를 가나안 사람의 땅에 인도하
시고 그 땅을 네게 주시거든

12 너는 태에서 처음 난 모든 것과 네게
있는 가축의 태에서 처음 난 것을 다 구별
하여 여호와께 돌리라 수컷은 여호와의
것이니라

13 나귀의 첫 새끼는 다 어린 양으로 대속
할 것이요 그렇게 하지 아니하려면 그 목
을 꺾을 것이며 네 아들 중 처음 난 모든
자는 대속할지니라

14 후일에 네 아들이 네게 묻기를 이것이
어찌 됨이냐 하거든 너는 그에게 이르기
를 여호와께서 그 손의 권능으로 우리를
애굽에서 곧 종이 되었던 집에서 인도하
여 내실새

15 그 때에 바로가 완악하여 우리를 보내
지 아니하매 여호와께서 애굽 나라 가운
데 처음 난 모든 것은 사람의 장자로부터
가축의 처음 난 것까지 다 죽이셨으므로

9

10

태에서 처음 난 것

11

12

13

14

15

**태에서 처음 난 모든 수컷들은 내가 여호**
**와께 제사를 드려서 내 아들 중에 모든 처**
**음 난 자를 다 대속하리니**

16 **이것이 네 손의 기호와 네 미간의 표가**
**되리라 이는 여호와께서 그 손의 권능으로**
**우리를 애굽에서 인도하여 내셨음이니라**
**할지니라**

16

### 구름 기둥과 불 기둥

17 **바로가 백성을 보낸 후에 블레셋 사람**
**의 땅의 길은 가까울지라도 하나님이 그**
**들을 그 길로 인도하지 아니하셨으니 이**
**는 하나님이 말씀하시기를 이 백성이 전**
**쟁을 하게 되면 마음을 돌이켜 애굽으로**
**돌아갈까 하셨음이라**

구름 기둥과 불 기둥

17

18 **그러므로 하나님이 홍해의 광야 길로**
**돌려 백성을 인도하시매 이스라엘 자손**
**이 애굽 땅에서 대열을 지어 나올 때에**

18

19 **모세가 요셉의 유골을 가졌으니 이는**
**요셉이 이스라엘 자손으로 단단히 맹세**
**하게 하여 이르기를 하나님이 반드시 너**
**희를 찾아오시리니 너희는 내 유골을 여**
**기서 가지고 나가라 하였음이더라**

19

20 **그들이 숙곳을 떠나서 광야 끝 에담에**
**장막을 치니**

20

21 **여호와께서 그들 앞에서 가시며 낮에**
**는 구름 기둥으로 그들의 길을 인도하시**
**고 밤에는 불 기둥을 그들에게 비추사 낮**
**이나 밤이나 진행하게 하시니**

21

22 **낮에는 구름 기둥, 밤에는 불 기둥이**
**백성 앞에서 떠나지 아니하니라**

22

### 홍해를 건너다

**14** 여호와께서 모세에게 말씀하여 이
르시되
2 이스라엘 자손에게 명령하여 돌이켜
바다와 믹돌 사이의 비하히롯 앞 곧 바알
스본 맞은편 바닷가에 장막을 치게 하라
3 바로가 이스라엘 자손에 대하여 말하
기를 그들이 그 땅에서 멀리 떠나 광야에
갇힌 바 되었다 하리라
4 내가 바로의 마음을 완악하게 한즉 바
로가 그들의 뒤를 따르리니 내가 그와 그
의 온 군대로 말미암아 영광을 얻어 애굽
사람들이 나를 여호와인 줄 알게 하리라
하시매 무리가 그대로 행하니라
5 그 백성이 도망한 사실이 애굽 왕에게
알려지매 바로와 그의 신하들이 그 백성
에 대하여 마음이 변하여 이르되 우리가
어찌 이같이 하여 이스라엘을 우리를 섬
김에서 놓아 보내었는가 하고
6 바로가 곧 그의 병거를 갖추고 그의 백
성을 데리고 갈새
7 선발된 병거 육백 대와 애굽의 모든 병
거를 동원하니 지휘관들이 다 거느렸더
라
8 여호와께서 애굽 왕 바로의 마음을 완
악하게 하셨으므로 그가 이스라엘 자손
의 뒤를 따르니 이스라엘 자손이 담대히
나갔음이라
9 애굽 사람들과 바로의 말들, 병거들과
그 마병과 그 군대가 그들의 뒤를 따라 바

홍해를 건너다

**14**

2

3

4

5

6

7

8

9

알스본 맞은편 비하히롯 곁 해변 그들이
장막 친 데에 미치니라

10 바로가 가까이 올 때에 이스라엘 자손
이 눈을 들어 본즉 애굽 사람들이 자기들
뒤에 이른지라 이스라엘 자손이 심히 두
려워하여 여호와께 부르짖고

11 그들이 또 모세에게 이르되 애굽에 매
장지가 없어서 당신이 우리를 이끌어 내
어 이 광야에서 죽게 하느냐 어찌하여 당
신이 우리를 애굽에서 이끌어 내어 우리
에게 이같이 하느냐

12 우리가 애굽에서 당신에게 이른 말이
이것이 아니냐 이르기를 우리를 내버려
두라 우리가 애굽 사람을 섬길 것이라 하
지 아니하더냐 애굽 사람을 섬기는 것이
광야에서 죽는 것보다 낫겠노라

13 모세가 백성에게 이르되 너희는 두려
워하지 말고 가만히 서서 여호와께서 오
늘 너희를 위하여 행하시는 구원을 보라
너희가 오늘 본 애굽 사람을 영원히 다시
보지 아니하리라

14 여호와께서 너희를 위하여 싸우시리
니 너희는 가만히 있을지니라

15 여호와께서 모세에게 이르시되 너는
어찌하여 내게 부르짖느냐 이스라엘 자
손에게 명령하여 앞으로 나아가게 하고

16 지팡이를 들고 손을 바다 위로 내밀어
그것이 갈라지게 하라 이스라엘 자손이
바다 가운데서 마른 땅으로 행하리라

10
11
12
13
14
15
16

17 내가 애굽 사람들의 마음을 완악하게
할 것인즉 그들이 그 뒤를 따라 들어갈 것
이라 내가 바로와 그의 모든 군대와 그의
병거와 마병으로 말미암아 영광을 얻으리
니

18 내가 바로와 그의 병거와 마병으로 말
미암아 영광을 얻을 때에야 애굽 사람들
이 나를 여호와인 줄 알리라 하시더니

19 이스라엘 진 앞에 가던 하나님의 사자
가 그들의 뒤로 옮겨 가매 구름 기둥도 앞
에서 그 뒤로 옮겨

20 애굽 진과 이스라엘 진 사이에 이르러
서니 저쪽에는 구름과 흑암이 있고 이쪽
에는 밤이 밝으므로 밤새도록 저쪽이 이
쪽에 가까이 못하였더라

21 모세가 바다 위로 손을 내밀매 여호와
께서 큰 동풍이 밤새도록 바닷물을 물러
가게 하시니 물이 갈라져 바다가 마른 땅
이 된지라

22 이스라엘 자손이 바다 가운데를 육지로
걸어가고 물은 그들의 좌우에 벽이 되니

23 애굽 사람들과 바로의 말들, 병거들과
그 마병들이 다 그들의 뒤를 추격하여 바
다 가운데로 들어오는지라

24 새벽에 여호와께서 불과 구름 기둥 가
운데서 애굽 군대를 보시고 애굽 군대를
어지럽게 하시며

25 그들의 병거 바퀴를 벗겨서 달리기가
어렵게 하시니 애굽 사람들이 이르되 이스
라엘 앞에서 우리가 도망하자 여호와가 그

17

18

19

20

21

22

23

24

25

들을 위하여 싸워 애굽 사람들을 치는도다

26 여호와께서 모세에게 이르시되 네 손
을 바다 위로 내밀어 물이 애굽 사람들과
그들의 병거들과 마병들 위에 다시 흐르
게 하라 하시니

27 모세가 곧 손을 바다 위로 내밀매 새벽
이 되어 바다의 힘이 회복된지라 애굽 사
람들이 물을 거슬러 도망하나 여호와께
서 애굽 사람들을 바다 가운데 엎으시니

28 물이 다시 흘러 병거들과 기병들을 덮
되 그들의 뒤를 따라 바다에 들어간 바로
의 군대를 다 덮으니 하나도 남지 아니하
였더라

29 그러나 이스라엘 자손은 바다 가운데
를 육지로 행하였고 물이 좌우에 벽이 되
었더라

30 그 날에 여호와께서 이같이 이스라엘
을 애굽 사람의 손에서 구원하시매 이스
라엘이 바닷가에서 애굽 사람들이 죽어
있는 것을 보았더라

31 이스라엘이 여호와께서 애굽 사람들
에게 행하신 그 큰 능력을 보았으므로 백
성이 여호와를 경외하며 여호와와 그의
종 모세를 믿었더라

### 모세의 노래

15 이 때에 모세와 이스라엘 자손이 이
노래로 여호와께 노래하니 일렀으되
내가 여호와를 찬송하리니 그는 높고 영
화로우심이요 말과 그 탄 자를 바다에 던

26

27

28

29

30

31

모세의 노래

15

지셨음이로다
2 여호와는 나의 힘이요 노래시며 나의
구원이시로다 그는 나의 하나님이시니
내가 그를 찬송할 것이요 내 아버지의 하
나님이시니 내가 그를 높이리로다
3 여호와는 용사시니 여호와는 그의 이
름이시로다
4 그가 바로의 병거와 그의 군대를 바다
에 던지시니 최고의 지휘관들이 홍해에
잠겼고
5 깊은 물이 그들을 덮으니 그들이 돌처
럼 깊음 속에 가라앉았도다
6 여호와여 주의 오른손이 권능으로 영
광을 나타내시니이다 여호와여 주의 오
른손이 원수를 부수시니이다
7 주께서 주의 큰 위엄으로 주를 거스르
는 자를 엎으시니이다 주께서 진노를 발
하시니 그 진노가 그들을 지푸라기 같이
사르니이다
8 주의 콧김에 물이 쌓이되 파도가 언덕
같이 일어서고 큰 물이 바다 가운데 엉기
니이다
9 원수가 말하기를 내가 뒤쫓아 따라잡
아 탈취물을 나누리라, 내가 그들로 말미
암아 내 욕망을 채우리라, 내가 내 칼을 빼
리니 내 손이 그들을 멸하리라 하였으나
10 주께서 바람을 일으키시매 바다가 그
들을 덮으니 그들이 거센 물에 납 같이 잠
겼나이다
11 여호와여 신 중에 주와 같은 자가 누구

니이까 주와 같이 거룩함으로 영광스러
우며 찬송할 만한 위엄이 있으며 기이한
일을 행하는 자가 누구니이까

12 주께서 오른손을 드신즉 땅이 그들을
삼켰나이다

13 주의 인자하심으로 주께서 구속하신
백성을 인도하시되 주의 힘으로 그들을
주의 거룩한 처소에 들어가게 하시나이다

14 여러 나라가 듣고 떨며 블레셋 주민이
두려움에 잡히며

15 에돔 두령들이 놀라고 모압 영웅이 떨
림에 잡히며 가나안 주민이 다 낙담하나
이다

16 놀람과 두려움이 그들에게 임하매 주
의 팔이 크므로 그들이 돌 같이 침묵하였
사오니 여호와여 주의 백성이 통과하기
까지 곧 주께서 사신 백성이 통과하기까
지였나이다

17 주께서 백성을 인도하사 그들을 주의
기업의 산에 심으시리이다 여호와여 이
는 주의 처소를 삼으시려고 예비하신 것
이라 주여 이것이 주의 손으로 세우신 성
소로소이다

18 여호와께서 영원무궁 하도록 다스리
시도다 하였더라

### 미리암의 노래

19 바로의 말과 병거와 마병이 함께 바다
에 들어가매 여호와께서 바닷물을 그들
위에 되돌려 흐르게 하셨으나 이스라엘
자손은 바다 가운데서 마른 땅으로 지나

12

13

14

15

16

17

18

미리암의 노래

19

간지라

20 아론의 누이 선지자 미리암이 손에 소
고를 잡으매 모든 여인도 그를 따라 나오
며 소고를 잡고 춤추니

21 미리암이 그들에게 화답하여 이르되
너희는 여호와를 찬송하라 그는 높고 영
화로우심이요 말과 그 탄 자를 바다에 던
지셨음이로다 하였더라

단 물로 변한 마라의 쓴 물

22 모세가 홍해에서 이스라엘을 인도하매
그들이 나와서 수르 광야로 들어가서 거기
서 사흘길을 걸었으나 물을 얻지 못하고

23 마라에 이르렀더니 그 곳 물이 써서 마
시지 못하겠으므로 그 이름을 마라라 하
였더라

24 백성이 모세에게 원망하여 이르되 우
리가 무엇을 마실까 하매

25 모세가 여호와께 부르짖었더니 여호
와께서 그에게 한 나무를 가리키시니 그
가 물에 던지니 물이 달게 되었더라 거기
서 여호와께서 그들을 위하여 법도와 율
례를 정하시고 그들을 시험하실새

26 이르시되 너희가 너희 하나님 나 여호
와의 말을 들어 순종하고 내가 보기에 의
를 행하며 내 계명에 귀를 기울이며 내 모
든 규례를 지키면 내가 애굽 사람에게 내
린 모든 질병 중 하나도 너희에게 내리지
아니하리니 나는 너희를 치료하는 여호
와임이라

27 그들이 엘림에 이르니 거기에 물 샘 열

20

21

단 물로 변한 마라의 쓴 물

22

23

24

25

26

27

둘과 종려나무 일흔 그루가 있는지라 거
기서 그들이 그 물 곁에 장막을 치니라

### 만나와 메추라기

**16** 이스라엘 자손의 온 회중이 엘림에
서 떠나 엘림과 시내 산 사이에 있
는 신 광야에 이르니 애굽에서 나온 후 둘
째 달 십오일이라

2 이스라엘 자손 온 회중이 그 광야에서
모세와 아론을 원망하여

3 이스라엘 자손이 그들에게 이르되 우
리가 애굽 땅에서 고기 가마 곁에 앉아 있
던 때와 떡을 배불리 먹던 때에 여호와의
손에 죽었더라면 좋았을 것을 너희가 이
광야로 우리를 인도해 내어 이 온 회중이
주려 죽게 하는도다

4 그 때에 여호와께서 모세에게 이르시
되 보라 내가 너희를 위하여 하늘에서 양
식을 비 같이 내리리니 백성이 나가서 일
용할 것을 날마다 거둘 것이라 이같이 하
여 그들이 내 율법을 준행하나 아니하나
내가 시험하리라

5 여섯째 날에는 그들이 그 거둔 것을 준
비할지니 날마다 거두던 것의 갑절이 되
리라

6 모세와 아론이 온 이스라엘 자손에게
이르되 저녁이 되면 너희가 여호와께서
너희를 애굽 땅에서 인도하여 내셨음을
알 것이요

7 아침에는 너희가 여호와의 영광을 보
리니 이는 여호와께서 너희가 자기를 향

만나와 메추라기

16

2

3

4

5

6

7

하여 원망함을 들으셨음이라 우리가 누
구이기에 너희가 우리에게 대하여 원망
하느냐

8 모세가 또 이르되 여호와께서 저녁에
는 너희에게 고기를 주어 먹이시고 아침
에는 떡으로 배불리시리니 이는 여호와
께서 자기를 향하여 너희가 원망하는 그
말을 들으셨음이라 우리가 누구냐 너희
의 원망은 우리를 향하여 함이 아니요 여
호와를 향하여 함이로다

9 모세가 또 아론에게 이르되 이스라엘
자손의 온 회중에게 말하기를 여호와께
가까이 나아오라 여호와께서 너희의 원
망함을 들으셨느니라 하라

10 아론이 이스라엘 자손의 온 회중에게
말하매 그들이 광야를 바라보니 여호와
의 영광이 구름 속에 나타나더라

11 여호와께서 모세에게 말씀하여 이르시되

12 내가 이스라엘 자손의 원망함을 들었
노라 그들에게 말하여 이르기를 너희가
해 질 때에는 고기를 먹고 아침에는 떡으
로 배부르리니 내가 여호와 너희의 하나
님인 줄 알리라 하라 하시니라

13 저녁에는 메추라기가 와서 진에 덮이
고 아침에는 이슬이 진 주위에 있더니

14 그 이슬이 마른 후에 광야 지면에 작고
둥글며 서리 같이 가는 것이 있는지라

15 이스라엘 자손이 보고 그것이 무엇인지
알지 못하여 서로 이르되 이것이 무엇이냐
하니 모세가 그들에게 이르되 이는 여호와

8

9

10

11

12

13

14

15

께서 너희에게 주어 먹게 하신 양식이라
16 여호와께서 이같이 명령하시기를 너희
각 사람은 먹을 만큼만 이것을 거둘지니
곧 너희 사람 수효대로 한 사람에 한 오멜
씩 거두되 각 사람이 그의 장막에 있는 자
들을 위하여 거둘지니라 하셨느니라
17 이스라엘 자손이 그같이 하였더니 그
거둔 것이 많기도 하고 적기도 하나
18 오멜로 되어 본즉 많이 거둔 자도 남음
이 없고 적게 거둔 자도 부족함이 없이 각
사람은 먹을 만큼만 거두었더라
19 모세가 그들에게 이르기를 아무든지
아침까지 그것을 남겨두지 말라 하였으나
20 그들이 모세에게 순종하지 아니하고
더러는 아침까지 두었더니 벌레가 생기
고 냄새가 난지라 모세가 그들에게 노하
니라
21 무리가 아침마다 각 사람은 먹을 만큼
만 거두었고 햇볕이 뜨겁게 쬐면 그것이
스러졌더라
22 여섯째 날에는 각 사람이 갑절의 식물
곧 하나에 두 오멜씩 거둔지라 회중의 모
든 지도자가 와서 모세에게 알리매
23 모세가 그들에게 이르되 여호와께서
이같이 말씀하셨느니라 내일은 휴일이니
여호와께 거룩한 안식일이라 너희가 구
울 것은 굽고 삶을 것은 삶고 그 나머지는
다 너희를 위하여 아침까지 간수하라
24 그들이 모세의 명령대로 아침까지 간
수하였으나 냄새도 나지 아니하고 벌레

16
17
18
19
20
21
22
23
24

도 생기지 아니한지라

25 모세가 이르되 오늘은 그것을 먹으라
오늘은 여호와의 안식일인즉 오늘은 너
희가 들에서 그것을 얻지 못하리라

26 엿새 동안은 너희가 그것을 거두되 일
곱째 날은 안식일인즉 그 날에는 없으리
라 하였으나

27 일곱째 날에 백성 중 어떤 사람들이 거
두러 나갔다가 얻지 못하니라

28 여호와께서 모세에게 이르시되 어느
때까지 너희가 내 계명과 내 율법을 지키
지 아니하려느냐

29 볼지어다 여호와가 너희에게 안식일
을 줌으로 여섯째 날에는 이틀 양식을 너
희에게 주는 것이니 너희는 각기 처소에
있고 일곱째 날에는 아무도 그의 처소에
서 나오지 말지니라

30 그러므로 백성이 일곱째 날에 안식하니라

31 이스라엘 족속이 그 이름을 만나라 하
였으며 깟씨 같이 희고 맛은 꿀 섞은 과자
같았더라

32 모세가 이르되 여호와께서 이같이 명
령하시기를 이것을 오멜에 채워서 너희
의 대대 후손을 위하여 간수하라 이는 내
가 너희를 애굽 땅에서 인도하여 낼 때에
광야에서 너희에게 먹인 양식을 그들에
게 보이기 위함이니라 하셨다 하고

33 또 모세가 아론에게 이르되 항아리를
가져다가 그 속에 만나 한 오멜을 담아 여

25

26

27

28

29

30

31

32

33

호와 앞에 두어 너희 대대로 간수하라
34 아론이 여호와께서 모세에게 명령하신
대로 그것을 증거판 앞에 두어 간수하게
하였고
35 사람이 사는 땅에 이르기까지 이스라
엘 자손이 사십 년 동안 만나를 먹었으니
곧 가나안 땅 접경에 이르기까지 그들이
만나를 먹었더라
36 오멜은 십분의 일 에바이더라

### 반석에서 물이 나오다 (민 20:1-13)

17 이스라엘 자손의 온 회중이 여호와
의 명령대로 신 광야에서 떠나 그
노정대로 행하여 르비딤에 장막을 쳤으
나 백성이 마실 물이 없는지라
2 백성이 모세와 다투어 이르되 우리에
게 물을 주어 마시게 하라 모세가 그들에
게 이르되 너희가 어찌하여 나와 다투느
냐 너희가 어찌하여 여호와를 시험하느냐
3 거기서 백성이 목이 말라 물을 찾으매
그들이 모세에게 대하여 원망하여 이르
되 당신이 어찌하여 우리를 애굽에서 인
도해 내어서 우리와 우리 자녀와 우리 가
축이 목말라 죽게 하느냐
4 모세가 여호와께 부르짖어 이르되 내
가 이 백성에게 어떻게 하리이까 그들이
조금 있으면 내게 돌을 던지겠나이다
5 여호와께서 모세에게 이르시되 백성 앞
을 지나서 이스라엘 장로들을 데리고 나일
강을 치던 네 지팡이를 손에 잡고 가라
6 내가 호렙 산에 있는 그 반석 위 거기

34

35

36

반석에서 물이 나오다 (민 20:1-13)

17

2

3

4

5

6

서 네 앞에 서리니 너는 그 반석을 치라
그것에서 물이 나오리니 백성이 마시리
라 모세가 이스라엘 장로들의 목전에서
그대로 행하니라

7 그가 그 곳 이름을 맛사 또는 므리바라
불렀으니 이는 이스라엘 자손이 다투었
음이요 또는 그들이 여호와를 시험하여
이르기를 여호와께서 우리 중에 계신가
안 계신가 하였음이더라

아말렉과 싸우다

8 그 때에 아말렉이 와서 이스라엘과 르
비딤에서 싸우니라

9 모세가 여호수아에게 이르되 우리를
위하여 사람들을 택하여 나가서 아말렉
과 싸우라 내일 내가 하나님의 지팡이를
손에 잡고 산 꼭대기에 서리라

10 여호수아가 모세의 말대로 행하여 아
말렉과 싸우고 모세와 아론과 훌은 산 꼭
대기에 올라가서

11 모세가 손을 들면 이스라엘이 이기고
손을 내리면 아말렉이 이기더니

12 모세의 팔이 피곤하매 그들이 돌을 가
져다가 모세의 아래에 놓아 그가 그 위에
앉게 하고 아론과 훌이 한 사람은 이쪽에
서, 한 사람은 저쪽에서 모세의 손을 붙들
어 올렸더니 그 손이 해가 지도록 내려오
지 아니한지라

13 여호수아가 칼날로 아말렉과 그 백성
을 쳐서 무찌르니라

7

아말렉과 싸우다

8

9

10

11

12

13

14 여호와께서 모세에게 이르시되 이것
을 책에 기록하여 기념하게 하고 여호수
아의 귀에 외워 들리라 내가 아말렉을 없
이하여 천하에서 기억도 못 하게 하리라

15 모세가 제단을 쌓고 그 이름을 여호와
닛시라 하고

16 이르되 여호와께서 맹세하시기를 여
호와가 아말렉과 더불어 대대로 싸우리
라 하셨다 하였더라

### 이드로가 모세를 방문하다

18 모세의 장인이며 미디안 제사장인
이드로가 하나님이 모세에게와 자
기 백성 이스라엘에게 하신 일 곧 여호와
께서 이스라엘을 애굽에서 인도하여 내
신 모든 일을 들으니라

2 모세의 장인 이드로가 모세가 돌려 보
냈던 그의 아내 십보라와

3 그의 두 아들을 데리고 왔으니 그 하나
의 이름은 게르솜이라 이는 모세가 이르기
를 내가 이방에서 나그네가 되었다 함이요

4 하나의 이름은 엘리에셀이라 이는 내 아
버지의 하나님이 나를 도우사 바로의 칼에
서 구원하셨다 함이더라

5 모세의 장인 이드로가 모세의 아들들
과 그의 아내와 더불어 광야에 들어와 모
세에게 이르니 곧 모세가 하나님의 산에
진 친 곳이라

6 그가 모세에게 말을 전하되 네 장인 나
이드로가 네 아내와 그와 함께 한 그의 두

14
15
16
이드로가 모세를 방문하다
18
2
3
4
5
6

아들과 더불어 네게 왔노라
7 모세가 나가서 그의 장인을 맞아 절하
고 그에게 입 맞추고 그들이 서로 문안하
고 함께 장막에 들어가서
8 모세가 여호와께서 이스라엘을 위하여
바로와 애굽 사람에게 행하신 모든 일과
길에서 그들이 당한 모든 고난과 여호와께
서 그들을 구원하신 일을 다 그 장인에게
말하매
9 이드로가 여호와께서 이스라엘에게
큰 은혜를 베푸사 애굽 사람의 손에서 구
원하심을 기뻐하여
10 이드로가 이르되 여호와를 찬송하리
로다 너희를 애굽 사람의 손에서와 바로
의 손에서 건져내시고 백성을 애굽 사람
의 손 아래에서 건지셨도다
11 이제 내가 알았도다 여호와는 모든 신
보다 크시므로 이스라엘에게 교만하게
행하는 그들을 이기셨도다 하고
12 모세의 장인 이드로가 번제물과 희생
제물들을 하나님께 가져오매 아론과 이
스라엘 모든 장로가 와서 모세의 장인과
함께 하나님 앞에서 떡을 먹으니라

우두머리를 세워 재판하게 하다(신 1:9-18)

13 이튿날 모세가 백성을 재판하느라고
앉아 있고 백성은 아침부터 저녁까지 모
세 곁에 서 있는지라
14 모세의 장인이 모세가 백성에게 행하
는 모든 일을 보고 이르되 네가 이 백성에
게 행하는 이 일이 어찌 됨이냐 어찌하여

7
8
9
10
11
12
우두머리를 세워 재판하게 하다(신 1:9-18)
13
14

네가 홀로 앉아 있고 백성은 아침부터 저
녁까지 네 곁에 서 있느냐

15 모세가 그의 장인에게 대답하되 백성
이 하나님께 물으려고 내게로 옴이라

16 그들이 일이 있으면 내게로 오나니 내
가 그 양쪽을 재판하여 하나님의 율례와
법도를 알게 하나이다

17 모세의 장인이 그에게 이르되 네가 하
는 것이 옳지 못하도다

18 너와 또 너와 함께 한 이 백성이 필경
기력이 쇠하리니 이 일이 네게 너무 중함
이라 네가 혼자 할 수 없으리라

19 이제 내 말을 들으라 내가 네게 방침을
가르치리니 하나님이 너와 함께 계실지
로다 너는 하나님 앞에서 그 백성을 위하
여 그 사건들을 하나님께 가져오며

20 그들에게 율례와 법도를 가르쳐서 마
땅히 갈 길과 할 일을 그들에게 보이고

21 너는 또 온 백성 가운데서 능력 있는
사람들 곧 하나님을 두려워하며 진실하
며 불의한 이익을 미워하는 자를 살펴서
백성 위에 세워 천부장과 백부장과 오십
부장과 십부장을 삼아

22 그들이 때를 따라 백성을 재판하게 하
라 큰 일은 모두 네게 가져갈 것이요 작은
일은 모두 그들이 스스로 재판할 것이니
그리하면 그들이 너와 함께 담당할 것인
즉 일이 네게 쉬우리라

23 네가 만일 이 일을 하고 하나님께서도

15

16

17

18

19

20

21

22

23

네게 허락하시면 네가 이 일을 감당하고 이
모든 백성도 자기 곳으로 평안히 가리라
24 이에 모세가 자기 장인의 말을 듣고 그
모든 말대로 하여
25 모세가 이스라엘 무리 중에서 능력 있
는 사람들을 택하여 그들을 백성의 우두
머리 곧 천부장과 백부장과 오십부장과
십부장을 삼으매
26 그들이 때를 따라 백성을 재판하되 어
려운 일은 모세에게 가져오고 모든 작은
일은 스스로 재판하더라
27 모세가 그의 장인을 보내니 그가 자기
땅으로 가니라

### 이스라엘 자손이 시내 산에 이르다

19 이스라엘 자손이 애굽 땅을 떠난 지
삼 개월이 되던 날 그들이 시내 광
야에 이르니라
2 그들이 르비딤을 떠나 시내 광야에 이
르러 그 광야에 장막을 치되 이스라엘이
거기 산 앞에 장막을 치니라
3 모세가 하나님 앞에 올라가니 여호와
께서 산에서 그를 불러 말씀하시되 너는
이같이 야곱의 집에 말하고 이스라엘 자
손들에게 말하라
4 내가 애굽 사람에게 어떻게 행하였음
과 내가 어떻게 독수리 날개로 너희를 업
어 내게로 인도하였음을 너희가 보았느니
라
5 세계가 다 내게 속하였나니 너희가 내
말을 잘 듣고 내 언약을 지키면 너희는 모

24
25
26
27
이스라엘 자손이 시내 산에 이르다
19
2
3
4
5

든 민족 중에서 내 소유가 되겠고
6 너희가 내게 대하여 제사장 나라가 되
며 거룩한 백성이 되리라 너는 이 말을 이
스라엘 자손에게 전할지니라
7 모세가 내려와서 백성의 장로들을 불
러 여호와께서 자기에게 명령하신 그 모
든 말씀을 그들 앞에 진술하니
8 백성이 일제히 응답하여 이르되 여호
와께서 명령하신 대로 우리가 다 행하리
이다 모세가 백성의 말을 여호와께 전하매
9 여호와께서 모세에게 이르시되 내가
빽빽한 구름 가운데서 네게 임함은 내가
너와 말하는 것을 백성들이 듣게 하며 또
한 너를 영영히 믿게 하려 함이니라 모세
가 백성의 말을 여호와께 아뢰었으므로
10 여호와께서 모세에게 이르시되 너는
백성에게로 가서 오늘과 내일 그들을 성
결하게 하며 그들에게 옷을 빨게 하고
11 준비하게 하여 셋째 날을 기다리게 하
라 이는 셋째 날에 나 여호와가 온 백성의
목전에서 시내 산에 강림할 것임이니
12 너는 백성을 위하여 주위에 경계를 정
하고 이르기를 너희는 삼가 산에 오르거
나 그 경계를 침범하지 말지니 산을 침범
하는 자는 반드시 죽임을 당할 것이라
13 그런 자에게는 손을 대지 말고 돌로 쳐
죽이거나 화살로 쏘아 죽여야 하리니 짐
승이나 사람을 막론하고 살아남지 못하
리라 하고 나팔을 길게 불거든 산 앞에 이

6
7
8
9
10
11
12
13

를 것이니라 하라

14 모세가 산에서 내려와 백성에게 이르
러 백성을 성결하게 하니 그들이 자기 옷
을 빨더라

15 모세가 백성에게 이르되 준비하여 셋
째 날을 기다리고 여인을 가까이 하지 말
라 하니라

16 셋째 날 아침에 우레와 번개와 빽빽한
구름이 산 위에 있고 나팔 소리가 매우 크
게 들리니 진중에 있는 모든 백성이 다 떨
더라

17 모세가 하나님을 맞으려고 백성을 거
느리고 진에서 나오매 그들이 산 기슭에
서 있는데

18 시내 산에 연기가 자욱하니 여호와께
서 불 가운데서 거기 강림하심이라 그 연
기가 옹기 가마 연기 같이 떠오르고 온 산
이 크게 진동하며

19 나팔 소리가 점점 커질 때에 모세가 말
한즉 하나님이 음성으로 대답하시더라

20 여호와께서 시내 산 곧 그 산 꼭대기에
강림하시고 모세를 그리로 부르시니 모
세가 올라가매

21 여호와께서 모세에게 이르시되 내려
가서 백성을 경고하라 백성이 밀고 들어
와 나 여호와에게로 와서 보려고 하다가
많이 죽을까 하노라

22 또 여호와에게 가까이 하는 제사장들
에게 그 몸을 성결히 하게 하라 나 여호와
가 그들을 칠까 하노라

14

15

16

17

18

19

20

21

22

23 모세가 여호와께 아뢰되 주께서 우리
에게 명령하여 이르시기를 산 주위에 경
계를 세워 산을 거룩하게 하라 하셨사온
즉 백성이 시내 산에 오르지 못하리이다

24 여호와께서 그에게 이르시되 가라 너
는 내려가서 아론과 함께 올라오고 제사
장들과 백성에게는 경계를 넘어 나 여호
와에게로 올라오지 못하게 하라 내가 그
들을 칠까 하노라

25 모세가 백성에게 내려가서 그들에게
알리니라

십계명(신 5:1-21)

20 하나님이 이 모든 말씀으로 말씀
하여 이르시되

2 나는 너를 애굽 땅, 종 되었던 집에서 인
도하여 낸 네 하나님 여호와니라

3 너는 나 외에는 다른 신들을 네게 두지
말라

4 너를 위하여 새긴 우상을 만들지 말고
또 위로 하늘에 있는 것이나 아래로 땅에
있는 것이나 땅 아래 물 속에 있는 것의
어떤 형상도 만들지 말며

5 그것들에게 절하지 말며 그것들을 섬
기지 말라 나 네 하나님 여호와는 질투하
는 하나님인즉 나를 미워하는 자의 죄를
갚되 아버지로부터 아들에게로 삼사 대
까지 이르게 하거니와

6 나를 사랑하고 내 계명을 지키는 자에
게는 천 대까지 은혜를 베푸느니라

7 너는 네 하나님 여호와의 이름을 망령

23

24

25

십계명(신 5:1-21)

20

2

3

4

5

6

7

**되게 부르지 말라 여호와는 그의 이름을**
**망령되게 부르는 자를 죄 없다 하지 아니**
**하리라**
8 **안식일을 기억하여 거룩하게 지키라**
9 **엿새 동안은 힘써 네 모든 일을 행할**
**것이나**
10 **일곱째 날은 네 하나님 여호와의 안식**
**일인즉 너나 네 아들이나 네 딸이나 네 남**
**종이나 네 여종이나 네 가축이나 네 문안**
**에 머무는 객이라도 아무 일도 하지 말라**
11 **이는 엿새 동안에 나 여호와가 하늘과**
**땅과 바다와 그 가운데 모든 것을 만들고**
**일곱째 날에 쉬었음이라 그러므로 나 여**
**호와가 안식일을 복되게 하여 그 날을 거**
**룩하게 하였느니라**
12 **네 부모를 공경하라 그리하면 네 하나**
**님 여호와가 네게 준 땅에서 네 생명이 길**
**리라**
13 **살인하지 말라**
14 **간음하지 말라**
15 **도둑질하지 말라**
16 **네 이웃에 대하여 거짓 증거하지 말라**
17 **네 이웃의 집을 탐내지 말라 네 이웃의**
**아내나 그의 남종이나 그의 여종이나 그**
**의 소나 그의 나귀나 무릇 네 이웃의 소유**
**를 탐내지 말라**

백성이 두려워 떨다(신 5:22-33)

18 **뭇 백성이 우레와 번개와 나팔 소리와**
**산의 연기를 본지라 그들이 볼 때에 떨며**
**멀리 서서**

8
9
10
11
12
13
14
15
16
17
백성이 두려워 떨다(신 5:22-33)
18

19 모세에게 이르되 당신이 우리에게 말
씀하소서 우리가 들으리이다 하나님이
우리에게 말씀하시지 말게 하소서 우리
가 죽을까 하나이다

20 모세가 백성에게 이르되 두려워하지
말라 하나님이 임하심은 너희를 시험하
고 너희로 경외하여 범죄하지 않게 하려
하심이니라

21 백성은 멀리 서 있고 모세는 하나님이
계신 흑암으로 가까이 가니라

제단에 관한 법

22 여호와께서 모세에게 이르시되 너는
이스라엘 자손에게 이같이 이르라 내가
하늘로부터 너희에게 말하는 것을 너희
스스로 보았으니

23 너희는 나를 비겨서 은으로나 금으로
나 너희를 위하여 신상을 만들지 말고

24 내게 토단을 쌓고 그 위에 네 양과 소
로 네 번제와 화목제를 드리라 내가 내 이
름을 기념하게 하는 모든 곳에서 네게 임
하여 복을 주리라

25 네가 내게 돌로 제단을 쌓거든 다듬은
돌로 쌓지 말라 네가 정으로 그것을 쪼면
부정하게 함이니라

26 너는 층계로 내 제단에 오르지 말라 네
하체가 그 위에서 드러날까 함이니라

종에 관한 법(신 15:12-18)

21 네가 백성 앞에 세울 법규는 이러하
니라

19

20

21

제단에 관한 법

22

23

24

25

26

종에 관한 법(신 15:12-18)

21

2 네가 히브리 종을 사면 그는 여섯 해
동안 섬길 것이요 일곱째 해에는 몸값을
물지 않고 나가 자유인이 될 것이며

3 만일 그가 단신으로 왔으면 단신으로
나갈 것이요 장가 들었으면 그의 아내도
그와 함께 나가려니와

4 만일 상전이 그에게 아내를 주어 그의
아내가 아들이나 딸을 낳았으면 그의 아
내와 그의 자식들은 상전에게 속할 것이
요 그는 단신으로 나갈 것이로되

5 만일 종이 분명히 말하기를 내가 상전
과 내 처자를 사랑하니 나가서 자유인이
되지 않겠노라 하면

6 상전이 그를 데리고 재판장에게로 갈
것이요 또 그를 문이나 문설주 앞으로 데
리고 가서 그것에다가 송곳으로 그의 귀를
뚫을 것이라 그는 종신토록 그 상전을 섬
기리라

7 사람이 자기의 딸을 여종으로 팔았으
면 그는 남종 같이 나오지 못할지며

8 만일 상전이 그를 기뻐하지 아니하여
상관하지 아니하면 그를 속량하게 할 것
이나 상전이 그 여자를 속인 것이 되었으
니 외국인에게는 팔지 못할 것이요

9 만일 그를 자기 아들에게 주기로 하였
으면 그를 딸 같이 대우할 것이요

10 만일 상전이 다른 여자에게 장가 들지
라도 그 여자의 음식과 의복과 동침하는
것은 끊지 말 것이요

11 그가 이 세 가지를 시행하지 아니하면,

| |
|---|
| 2 |
| 3 |
| 4 |
| 5 |
| 6 |
| 7 |
| 8 |
| 9 |
| 10 |
| 11 |

**여자는 속전을 내지 않고 거저 나가게 할 것이니라**

### 폭행에 관한 법

12 **사람을 쳐죽인 자는 반드시 죽일 것이나**

13 **만일 사람이 고의적으로 한 것이 아니라 나 하나님이 사람을 그의 손에 넘긴 것이면 내가 그를 위하여 한 곳을 정하리니 그 사람이 그리로 도망할 것이며**

14 **사람이 그의 이웃을 고의로 죽였으면 너는 그를 내 제단에서라도 잡아내려 죽일지니라**

15 **자기 아버지나 어머니를 치는 자는 반드시 죽일지니라**

16 **사람을 납치한 자가 그 사람을 팔았든지 자기 수하에 두었든지 그를 반드시 죽일지니라**

17 **자기의 아버지나 어머니를 저주하는 자는 반드시 죽일지니라**

18 **사람이 서로 싸우다가 하나가 돌이나 주먹으로 그의 상대방을 쳤으나 그가 죽지 않고 자리에 누웠다가**

19 **지팡이를 짚고 일어나 걸으면 그를 친 자가 형벌은 면하되 그간의 손해를 배상하고 그가 완치되게 할 것이니라**

20 **사람이 매로 그 남종이나 여종을 쳐서 당장에 죽으면 반드시 형벌을 받으려니와**

21 **그가 하루나 이틀을 연명하면 형벌을 면하리니 그는 상전의 재산임이라**

22 **사람이 서로 싸우다가 임신한 여인을**

폭행에 관한 법

12

13

14

15

16

17

18

19

20

21

22

쳐서 낙태하게 하였으나 다른 해가 없으
면 그 남편의 청구대로 반드시 벌금을 내
되 재판장의 판결을 따라 낼 것이니라

23 그러나 다른 해가 있으면 갚되 생명은
생명으로,

24 눈은 눈으로, 이는 이로, 손은 손으로,
발은 발로,

25 덴 것은 덴 것으로, 상하게 한 것은 상
함으로, 때린 것은 때림으로 갚을지니라

26 사람이 그 남종의 한 눈이나 여종의 한
눈을 쳐서 상하게 하면 그 눈에 대한 보상
으로 그를 놓아 줄 것이며

27 그 남종의 이나 여종의 이를 쳐서 빠뜨
리면 그 이에 대한 보상으로 그를 놓아 줄
지니라

임자의 책임

28 소가 남자나 여자를 받아서 죽이면 그
소는 반드시 돌로 쳐서 죽일 것이요 그 고
기는 먹지 말 것이며 임자는 형벌을 면하
려니와

29 소가 본래 받는 버릇이 있고 그 임자는
그로 말미암아 경고를 받았으되 단속하
지 아니하여 남녀를 막론하고 받아 죽이
면 그 소는 돌로 쳐죽일 것이고 임자도 죽
일 것이며

30 만일 그에게 속죄금을 부과하면 무릇
그 명령한 것을 생명의 대가로 낼 것이요

31 아들을 받든지 딸을 받든지 이 법규대
로 그 임자에게 행할 것이며

23

24

25

26

27

임자의 책임

28

29

30

31

32 소가 만일 남종이나 여종을 받으면 소
임자가 은 삼십 세겔을 그의 상전에게 줄
것이요 소는 돌로 쳐서 죽일지니라

33 사람이 구덩이를 열어두거나 구덩이
를 파고 덮지 아니하므로 소나 나귀가 거
기에 빠지면

34 그 구덩이 주인이 잘 보상하여 짐승의
임자에게 돈을 줄 것이요 죽은 것은 그가
차지할 것이니라

35 이 사람의 소가 저 사람의 소를 받아
죽이면 살아 있는 소를 팔아 그 값을 반으
로 나누고 또한 죽은 것도 반으로 나누려
니와

36 그 소가 본래 받는 버릇이 있는 줄을
알고도 그 임자가 단속하지 아니하였으
면 그는 소로 소를 갚을 것이요 죽은 것은
그가 차지할지니라

배상에 관한 법

22 사람이 소나 양을 도둑질하여 잡기
나 팔면 그는 소 한 마리에 소 다섯
마리로 갚고 양 한 마리에 양 네 마리로
갚을지니라

2 도둑이 뚫고 들어오는 것을 보고 그를
쳐죽이면 피 흘린 죄가 없으나

3 해 돋은 후에는 피 흘린 죄가 있으리라
도둑은 반드시 배상할 것이나 배상할 것
이 없으면 그 몸을 팔아 그 도둑질한 것을
배상할 것이요

4 도둑질한 것이 살아 그의 손에 있으면
소나 나귀나 양을 막론하고 갑절을 배상

32

33

34

35

36

배상에 관한 법

22

2

3

4

할지니라

5 사람이 밭에서나 포도원에서 짐승을 먹
이다가 자기의 짐승을 놓아 남의 밭에서
먹게 하면 자기 밭의 가장 좋은 것과 자기
포도원의 가장 좋은 것으로 배상할지니라

6 불이 나서 가시나무에 댕겨 낟가리나
거두지 못한 곡식이나 밭을 태우면 불 놓
은 자가 반드시 배상할지니라

7 사람이 돈이나 물품을 이웃에게 맡겨
지키게 하였다가 그 이웃 집에서 도둑을
맞았는데 그 도둑이 잡히면 갑절을 배상할
것이요

8 도둑이 잡히지 아니하면 그 집 주인이
재판장 앞에 가서 자기가 그 이웃의 물품
에 손 댄 여부의 조사를 받을 것이며

9 어떤 잃은 물건 즉 소나 나귀나 양이나
의복이나 또는 다른 잃은 물건에 대하여
어떤 사람이 이르기를 이것이 그것이라
하면 양편이 재판장 앞에 나아갈 것이요
재판장이 죄 있다고 하는 자가 그 상대편
에게 갑절을 배상할지니라

10 사람이 나귀나 소나 양이나 다른 짐승
을 이웃에게 맡겨 지키게 하였다가 죽거
나 상하거나 끌려가도 본 사람이 없으면

11 두 사람 사이에 맡은 자가 이웃의 것에
손을 대지 아니하였다고 여호와께 맹세
할 것이요 그 임자는 그대로 믿을 것이며
그 사람은 배상하지 아니하려니와

12 만일 자기에게서 도둑 맞았으면 그 임
자에게 배상할 것이며

5

6

7

8

9

10

11

12

13 **만일 찢겼으면 그것을 가져다가 증언**
**할 것이요 그 찢긴 것에 대하여 배상하지**
**아니할지니라**

14 **만일 이웃에게 빌려온 것이 그 임자가**
**함께 있지 아니할 때에 상하거나 죽으면**
**반드시 배상하려니와**

15 **그 임자가 그것과 함께 있었으면 배상**
**하지 아니할지니라 만일 세 낸 것이면 세**
**로 족하니라**

### 도덕에 관한 법

16 **사람이 약혼하지 아니한 처녀를 꾀어**
**동침하였으면 납폐금을 주고 아내로 삼**
**을 것이요**

17 **만일 처녀의 아버지가 딸을 그에게 주**
**기를 거절하면 그는 처녀에게 납폐금으**
**로 돈을 낼지니라**

18 **너는 무당을 살려두지 말라**

19 **짐승과 행음하는 자는 반드시 죽일지**
**니라**

20 **여호와 외에 다른 신에게 제사를 드리**
**는 자는 멸할지니라**

21 **너는 이방 나그네를 압제하지 말며 그**
**들을 학대하지 말라 너희도 애굽 땅에서**
**나그네였음이라**

22 **너는 과부나 고아를 해롭게 하지 말라**

23 **네가 만일 그들을 해롭게 하므로 그들**
**이 내게 부르짖으면 내가 반드시 그 부르**
**짖음을 들으리라**

24 **나의 노가 맹렬하므로 내가 칼로 너희**

13

14

15

도덕에 관한 법

16

17

18

19

20

21

22

23

24

를 죽이리니 너희의 아내는 과부가 되고
너희 자녀는 고아가 되리라

25 네가 만일 너와 함께 한 내 백성 중에
서 가난한 자에게 돈을 꾸어 주면 너는 그
에게 채권자 같이 하지 말며 이자를 받지
말 것이며

26 네가 만일 이웃의 옷을 전당 잡거든 해
가 지기 전에 그에게 돌려보내라

27 그것이 유일한 옷이라 그것이 그의 알
몸을 가릴 옷인즉 그가 무엇을 입고 자겠
느냐 그가 내게 부르짖으면 내가 들으리
니 나는 자비로운 자임이니라

28 너는 재판장을 모독하지 말며 백성의
지도자를 저주하지 말지니라

29 너는 네가 추수한 것과 네가 짜낸 즙을
바치기를 더디하지 말지며 네 처음 난 아
들들을 내게 줄지며

30 네 소와 양도 그와 같이 하되 이레 동
안 어미와 함께 있게 하다가 여드레 만에
내게 줄지니라

31 너희는 내게 거룩한 사람이 될지니 들
에서 짐승에게 찢긴 동물의 고기를 먹지
말고 그것을 개에게 던질지니라

### 공평에 관한 법

23 너는 거짓된 풍설을 퍼뜨리지 말며
악인과 연합하여 위증하는 증인이
되지 말며

2 다수를 따라 악을 행하지 말며 송사에
다수를 따라 부당한 증언을 하지 말며

25

26

27

28

29

30

31

공평에 관한 법

23

2

3 가난한 자의 송사라고 해서 편벽되이
두둔하지 말지니라
4 네가 만일 네 원수의 길 잃은 소나 나귀
를 보거든 반드시 그 사람에게로 돌릴지며
5 네가 만일 너를 미워하는 자의 나귀가
짐을 싣고 엎드러짐을 보거든 그것을 버
려두지 말고 그것을 도와 그 짐을 부릴지
니라
6 너는 가난한 자의 송사라고 정의를 굽
게 하지 말며
7 거짓 일을 멀리 하며 무죄한 자와 의로
운 자를 죽이지 말라 나는 악인을 의롭다
하지 아니하겠노라
8 너는 뇌물을 받지 말라 뇌물은 밝은 자
의 눈을 어둡게 하고 의로운 자의 말을 굽
게 하느니라
9 너는 이방 나그네를 압제하지 말라 너
희가 애굽 땅에서 나그네 되었었은즉 나
그네의 사정을 아느니라

### 안식년과 안식일에 관한 법

10 너는 여섯 해 동안은 너의 땅에 파종하
여 그 소산을 거두고
11 일곱째 해에는 갈지 말고 묵혀두어서
네 백성의 가난한 자들이 먹게 하라 그 남
은 것은 들짐승이 먹으리라 네 포도원과
감람원도 그리할지니라
12 너는 엿새 동안에 네 일을 하고 일곱째
날에는 쉬라 네 소와 나귀가 쉴 것이며 네
여종의 자식과 나그네가 숨을 돌리리라

3

4

5

6

7

8

9

안식년과 안식일에 관한 법

10

11

12

13 내가 네게 이른 모든 일을 삼가 지키고
다른 신들의 이름은 부르지도 말며 네 입
에서 들리게도 하지 말지니라

13

세 가지 절기에 관한 법(출 34:18-26; 신 16:1-17)

세 가지 절기에 관한 법(출 34:18-26; 신 16:1-17)

14 너는 매년 세 번 내게 절기를 지킬지니라

14

15 너는 무교병의 절기를 지키라 내가 네
게 명령한 대로 아빕월의 정한 때에 이레
동안 무교병을 먹을지니 이는 그 달에 네
가 애굽에서 나왔음이라 빈 손으로 내 앞
에 나오지 말지니라

15

16 맥추절을 지키라 이는 네가 수고하여
밭에 뿌린 것의 첫 열매를 거둠이니라 수
장절을 지키라 이는 네가 수고하여 이룬
것을 연말에 밭에서부터 거두어 저장함
이니라

16

17 네 모든 남자는 매년 세 번씩 주 여호
와께 보일지니라

17

18 너는 네 제물의 피를 유교병과 함께 드
리지 말며 내 절기 제물의 기름을 아침까
지 남겨두지 말지니라

18

19 네 토지에서 처음 거둔 열매의 가장 좋
은 것을 가져다가 너의 하나님 여호와의
전에 드릴지니라 너는 염소 새끼를 그 어
미의 젖으로 삶지 말지니라

19

명령과 약속

명령과 약속

20 내가 사자를 네 앞서 보내어 길에서 너
를 보호하여 너를 내가 예비한 곳에 이르
게 하리니

20

21 너희는 삼가 그의 목소리를 청종하고

21

그를 노엽게 하지 말라 그가 너희의 허물
을 용서하지 아니할 것은 내 이름이 그에
게 있음이니라

22 네가 그의 목소리를 잘 청종하고 내 모
든 말대로 행하면 내가 네 원수에게 원수
가 되고 네 대적에게 대적이 될지라

23 내 사자가 네 앞서 가서 너를 아모리
사람과 헷 사람과 브리스 사람과 가나안
사람과 히위 사람과 여부스 사람에게로
인도하고 나는 그들을 끊으리니

24 너는 그들의 신을 경배하지 말며 섬기
지 말며 그들의 행위를 본받지 말고 그것
들을 다 깨뜨리며 그들의 주상을 부수고

25 네 하나님 여호와를 섬기라 그리하면
여호와가 너희의 양식과 물에 복을 내리
고 너희 중에서 병을 제하리니

26 네 나라에 낙태하는 자가 없고 임신하
지 못하는 자가 없을 것이라 내가 너의 날
수를 채우리라

27 내가 내 위엄을 네 앞서 보내어 네가
이를 곳의 모든 백성을 물리치고 네 모든
원수들이 네게 등을 돌려 도망하게 할 것
이며

28 내가 왕벌을 네 앞에 보내리니 그 벌이
히위 족속과 가나안 족속과 헷 족속을 네
앞에서 쫓아내리라

29 그러나 그 땅이 황폐하게 됨으로 들짐
승이 번성하여 너희를 해할까 하여 일 년
안에는 그들을 네 앞에서 쫓아내지 아니
하고

22
23
24
25
26
27
28
29

30 네가 번성하여 그 땅을 기업으로 얻을
때까지 내가 그들을 네 앞에서 조금씩 쫓
아내리라

31 내가 네 경계를 홍해에서부터 블레셋
바다까지, 광야에서부터 강까지 정하고
그 땅의 주민을 네 손에 넘기리니 네가 그
들을 네 앞에서 쫓아낼지라

32 너는 그들과 그들의 신들과 언약하지
말라

33 그들이 네 땅에 머무르지 못할 것은 그
들이 너를 내게 범죄하게 할까 두려움이
라 네가 그 신들을 섬기면 그것이 너의 올
무가 되리라

시내 산에서 언약을 세우다

24 또 모세에게 이르시되 너는 아론
과 나답과 아비후와 이스라엘 장
로 칠십 명과 함께 여호와께로 올라와 멀
리서 경배하고

2 너 모세만 여호와께 가까이 나아오고
그들은 가까이 나아오지 말며 백성은 너
와 함께 올라오지 말지니라

3 모세가 와서 여호와의 모든 말씀과 그
의 모든 율례를 백성에게 전하매 그들이
한 소리로 응답하여 이르되 여호와께서
말씀하신 모든 것을 우리가 준행하리이
다

4 모세가 여호와의 모든 말씀을 기록하
고 이른 아침에 일어나 산 아래에 제단을
쌓고 이스라엘 열두 지파대로 열두 기둥
을 세우고

30

31

32

33

시내 산에서 언약을 세우다

24

2

3

4

5 **이스라엘 자손의 청년들을 보내어 여호**
**와께 소로 번제와 화목제를 드리게 하고**

6 **모세가 피를 가지고 반은 여러 양푼에**
**담고 반은 제단에 뿌리고**

7 **언약서를 가져다가 백성에게 낭독하**
**여 듣게 하니 그들이 이르되 여호와의 모**
**든 말씀을 우리가 준행하리이다**

8 **모세가 그 피를 가지고 백성에게 뿌리**
**며 이르되 이는 여호와께서 이 모든 말씀**
**에 대하여 너희와 세우신 언약의 피니라**

9 **모세와 아론과 나답과 아비후와 이스**
**라엘 장로 칠십 인이 올라가서**

10 **이스라엘의 하나님을 보니 그의 발 아**
**래에는 청옥을 편 듯하고 하늘 같이 청명**
**하더라**

11 **하나님이 이스라엘 자손들의 존귀한**
**자들에게 손을 대지 아니하셨고 그들은**
**하나님을 뵙고 먹고 마셨더라**

시내 산에서 사십 일을 있다

12 **여호와께서 모세에게 이르시되 너는**
**산에 올라 내게로 와서 거기 있으라 네가**
**그들을 가르치도록 내가 율법과 계명을**
**친히 기록한 돌판을 네게 주리라**

13 **모세가 그의 부하 여호수아와 함께 일**
**어나 모세가 하나님의 산으로 올라가며**

14 **장로들에게 이르되 너희는 여기서 우**
**리가 너희에게로 돌아오기까지 기다리라**
**아론과 훌이 너희와 함께 하리니 무릇 일**
**이 있는 자는 그들에게로 나아갈지니라**
**하고**

5

6

7

8

9

10

11

시내 산에서 사십 일을 있다

12

13

14

15 모세가 산에 오르매 구름이 산을 가리며

16 여호와의 영광이 시내 산 위에 머무르
고 구름이 엿새 동안 산을 가리더니 일곱
째 날에 여호와께서 구름 가운데서 모세
를 부르시니라

17 산 위의 여호와의 영광이 이스라엘 자
손의 눈에 맹렬한 불 같이 보였고

18 모세는 구름 속으로 들어가서 산 위에
올랐으며 모세가 사십 일 사십 야를 산에
있으니라

### 성소를 지을 예물

25 여호와께서 모세에게 말씀하여 이
르시되

2 이스라엘 자손에게 명령하여 내게 예
물을 가져오라 하고 기쁜 마음으로 내는
자가 내게 바치는 모든 것을 너희는 받을
지니라

3 너희가 그들에게서 받을 예물은 이러
하니 금과 은과 놋과

4 청색 자색 홍색 실과 가는 베 실과 염
소 털과

5 붉은 물 들인 숫양의 가죽과 해달의 가
죽과 조각목과

6 등유와 관유에 드는 향료와 분향할 향
을 만들 향품과

7 호마노며 에봇과 흉패에 물릴 보석이
니라

8 내가 그들 중에 거할 성소를 그들이 나
를 위하여 짓되

15
16
17
18
성소를 지을 예물
25
2
3
4
5
6
7
8

9 무릇 내가 네게 보이는 모양대로 장막을
짓고 기구들도 그 모양을 따라 지을지니라

### 증거궤(출 37:1-9)

증거궤(출 37:1-9)

10 그들은 조각목으로 궤를 짜되 길이는
두 규빗 반, 너비는 한 규빗 반, 높이는 한
규빗 반이 되게 하고

11 너는 순금으로 그것을 싸되 그 안팎을
싸고 위쪽 가장자리로 돌아가며 금 테를
두르고

12 금 고리 넷을 부어 만들어 그 네 발에 달
되 이쪽에 두 고리 저쪽에 두 고리를 달며

13 조각목으로 채를 만들어 금으로 싸고

14 그 채를 궤 양쪽 고리에 꿰어서 궤를
메게 하며

15 채를 궤의 고리에 꿴 대로 두고 빼내지
말지며

16 내가 네게 줄 증거판을 궤 속에 둘지며

17 순금으로 속죄소를 만들되 길이는 두
규빗 반, 너비는 한 규빗 반이 되게 하고

18 금으로 그룹 둘을 속죄소 두 끝에 쳐서
만들되

19 한 그룹은 이 끝에, 또 한 그룹은 저 끝
에 곧 속죄소 두 끝에 속죄소와 한 덩이로
연결할지며

20 그룹들은 그 날개를 높이 펴서 그 날개
로 속죄소를 덮으며 그 얼굴을 서로 대하
여 속죄소를 향하게 하고

21 속죄소를 궤 위에 얹고 내가 네게 줄
증거판을 궤 속에 넣으라

22 거기서 내가 너와 만나고 속죄소 위 곧
증거궤 위에 있는 두 그룹 사이에서 내가
이스라엘 자손을 위하여 네게 명령할 모
든 일을 네게 이르리라

### 진설병을 두는 상(출 37:10-16)

23 너는 조각목으로 상을 만들되 길이는
두 규빗, 너비는 한 규빗, 높이는 한 규빗
반이 되게 하고

24 순금으로 싸고 주위에 금 테를 두르고

25 그 주위에 손바닥 넓이만한 턱을 만들
고 그 턱 주위에 금으로 테를 만들고

26 그것을 위하여 금 고리 넷을 만들어 그
네 발 위 네 모퉁이에 달되

27 턱 곁에 붙이라 이는 상을 멜 채를 꿸
곳이며

28 또 조각목으로 그 채를 만들고 금으로
싸라 상을 이것으로 멜 것이니라

29 너는 대접과 숟가락과 병과 붓는 잔을
만들되 순금으로 만들며

30 상 위에 진설병을 두어 항상 내 앞에
있게 할지니라

### 등잔대와 기구들(출 37:17-24)

31 너는 순금으로 등잔대를 쳐 만들되 그
밑판과 줄기와 잔과 꽃받침과 꽃을 한 덩
이로 연결하고

32 가지 여섯을 등잔대 곁에서 나오게 하
되 다른 세 가지는 이쪽으로 나오고 다른
세 가지는 저쪽으로 나오게 하며

33 이쪽 가지에 살구꽃 형상의 잔 셋과 꽃

22
진설병을 두는 상(출 37:10-16)
23
24
25
26
27
28
29
30
등잔대와 기구들(출 37:17-24)
31
32
33

받침과 꽃이 있게 하고 저쪽 가지에도 살
구꽃 형상의 잔 셋과 꽃받침과 꽃이 있게
하여 등잔대에서 나온 가지 여섯을 같게
할지며

34 등잔대 줄기에는 살구꽃 형상의 잔 넷
과 꽃받침과 꽃이 있게 하고

35 등잔대에서 나온 가지 여섯을 위하여
꽃받침이 있게 하되 두 가지 아래에 한 꽃
받침이 있어 줄기와 연결하며 또 두 가지
아래에 한 꽃받침이 있어 줄기와 연결하
며 또 두 가지 아래에 한 꽃받침이 있어
줄기와 연결하게 하고

36 그 꽃받침과 가지를 줄기와 연결하여
전부를 순금으로 쳐 만들고

37 등잔 일곱을 만들어 그 위에 두어 앞을
비추게 하며

38 그 불 집게와 불 똥 그릇도 순금으로
만들지니

39 등잔대와 이 모든 기구를 순금 한 달란
트로 만들되

40 너는 삼가 이 산에서 네게 보인 양식대
로 할지니라

성막(출 36:8-38)

26 너는 성막을 만들되 가늘게 꼰 베 실
과 청색 자색 홍색 실로 그룹을 정교
하게 수 놓은 열 폭의 휘장을 만들지니

2 매 폭의 길이는 스물여덟 규빗, 너비는
네 규빗으로 각 폭의 장단을 같게 하고

3 그 휘장 다섯 폭을 서로 연결하며 다른

34
35
36
37
38
39
40
성막(출 36:8-38)
26
2
3

다섯 폭도 서로 연결하고

4 그 휘장을 이을 끝폭 가에 청색 고를
만들며 이어질 다른 끝폭 가에도 그와 같
이 하고

5 휘장 끝폭 가에 고 쉰 개를 달며 다른
휘장 끝폭 가에도 고 쉰 개를 달고 그 고
들을 서로 마주 보게 하고

6 금 갈고리 쉰 개를 만들고 그 갈고리로
휘장을 연결하여 한 성막을 이룰지며

7 그 성막을 덮는 막 곧 휘장을 염소털로
만들되 열한 폭을 만들지며

8 각 폭의 길이는 서른 규빗, 너비는 네
규빗으로 열한 폭의 길이를 같게 하고

9 그 휘장 다섯 폭을 서로 연결하며 또
여섯 폭을 서로 연결하고 그 여섯째 폭 절
반은 성막 전면에 접어 드리우고

10 휘장을 이을 끝폭 가에 고 쉰 개를 달며
다른 이을 끝폭 가에도 고 쉰 개를 달고

11 놋 갈고리 쉰 개를 만들고 그 갈고리로
그 고를 꿰어 연결하여 한 막이 되게 하고

12 그 막 곧 휘장의 그 나머지 반 폭은 성
막 뒤에 늘어뜨리고

13 막 곧 휘장의 길이의 남은 것은 이쪽에
한 규빗, 저쪽에 한 규빗씩 성막 좌우 양
쪽에 덮어 늘어뜨리고

14 붉은 물 들인 숫양의 가죽으로 막의 덮
개를 만들고 해달의 가죽으로 그 웃덮개
를 만들지니라

15 너는 조각목으로 성막을 위하여 널판

4

5

6

7

8

9

10

11

12

13

14

15

| | |
|---|---|
| 을 만들어 세우되 | |
| 16 각 판의 길이는 열 규빗, 너비는 한 규 | 16 |
| 빗 반으로 하고 | |
| 17 각 판에 두 촉씩 내어 서로 연결하게 | 17 |
| 하되 너는 성막 널판을 다 그와 같이 하라 | |
| 18 너는 성막을 위하여 널판을 만들되 남 | 18 |
| 쪽을 위하여 널판 스무 개를 만들고 | |
| 19 스무 널판 아래에 은 받침 마흔 개를 만 | 19 |
| 들지니 이쪽 널판 아래에도 그 두 촉을 위 | |
| 하여 두 받침을 만들고 저쪽 널판 아래에 | |
| 도 그 두 촉을 위하여 두 받침을 만들지며 | |
| 20 성막 다른 쪽 곧 그 북쪽을 위하여도 | 20 |
| 널판 스무 개로 하고 | |
| 21 은 받침 마흔 개를 이쪽 널판 아래에도 | 21 |
| 두 받침, 저쪽 널판 아래에도 두 받침으로 | |
| 하며 | |
| 22 성막 뒤 곧 그 서쪽을 위하여는 널판 | 22 |
| 여섯 개를 만들고 | |
| 23 성막 뒤 두 모퉁이 쪽을 위하여는 널판 | 23 |
| 두 개를 만들되 | |
| 24 아래에서부터 위까지 각기 두 겹 두께 | 24 |
| 로 하여 윗고리에 이르게 하고 두 모퉁이 | |
| 쪽을 다 그리하며 | |
| 25 그 여덟 널판에는 은 받침이 열여섯이 | 25 |
| 니 이쪽 판 아래에도 두 받침이요 저쪽 판 | |
| 아래에도 두 받침이니라 | |
| 26 너는 조각목으로 띠를 만들지니 성막 | 26 |
| 이쪽 널판을 위하여 다섯 개요 | |
| 27 성막 저쪽 널판을 위하여 다섯 개요 성 | 27 |

막 뒤 곧 서쪽 널판을 위하여 다섯 개이며
28 널판 가운데에 있는 중간 띠는 이 끝에 28
서 저 끝에 미치게 하고
29 그 널판들을 금으로 싸고 그 널판들의 29
띠를 꿸 금 고리를 만들고 그 띠를 금으로
싸라
30 너는 산에서 보인 양식대로 성막을 세 30
울지니라
31 너는 청색 자색 홍색 실과 가늘게 꼰 31
베 실로 짜서 휘장을 만들고 그 위에 그룹
들을 정교하게 수 놓아서
32 금 갈고리를 네 기둥 위에 늘어뜨리되 32
그 네 기둥을 조각목으로 만들고 금으로
싸서 네 은 받침 위에 둘지며
33 그 휘장을 갈고리 아래에 늘어뜨린 후 33
에 증거궤를 그 휘장 안에 들여놓으라 그
휘장이 너희를 위하여 성소와 지성소를
구분하리라
34 너는 지성소에 있는 증거궤 위에 속죄 34
소를 두고
35 그 휘장 바깥 북쪽에 상을 놓고 남쪽에 35
등잔대를 놓아 상과 마주하게 할지며
36 청색 자색 홍색 실과 가늘게 꼰 베 실 36
로 수 놓아 짜서 성막 문을 위하여 휘장을
만들고
37 그 휘장 문을 위하여 기둥 다섯을 조각 37
목으로 만들어 금으로 싸고 그 갈고리도
금으로 만들지며 또 그 기둥을 위하여 받
침 다섯 개를 놋으로 부어 만들지니라

제단(출 38:1-7)

27 너는 조각목으로 길이가 다섯 규
빗, 너비가 다섯 규빗의 제단을 만
들되 네모 반듯하게 하며 높이는 삼 규빗
으로 하고
2 그 네 모퉁이 위에 뿔을 만들되 그 뿔
이 그것에 이어지게 하고 그 제단을 놋으
로 싸고
3 재를 담는 통과 부삽과 대야와 고기 갈
고리와 불 옮기는 그릇을 만들되 제단의
그릇을 다 놋으로 만들지며
4 제단을 위하여 놋으로 그물을 만들고
그 위 네 모퉁이에 놋 고리 넷을 만들고
5 그물은 제단 주위 가장자리 아래 곧 제
단 절반에 오르게 할지며
6 또 그 제단을 위하여 채를 만들되 조각
목으로 만들고 놋으로 쌀지며
7 제단 양쪽 고리에 그 채를 꿰어 제단을
메게 할지며
8 제단은 널판으로 속이 비게 만들되 산
에서 네게 보인 대로 그들이 만들게 하라

성막의 뜰(출 38:9-20)

9 너는 성막의 뜰을 만들지니 남쪽을 향
하여 뜰 남쪽에 너비가 백 규빗의 세마포
휘장을 쳐서 그 한 쪽을 당하게 할지니
10 그 기둥이 스물이며 그 받침 스물은 놋
으로 하고 그 기둥의 갈고리와 가름대는
은으로 할지며
11 그 북쪽에도 너비가 백 규빗의 포장을

제단(출 38:1-7)

27

2

3

4

5

6

7

8

성막의 뜰(출 38:9-20)

9

10

11

치되 그 기둥이 스물이며 그 기둥의 받침
스물은 놋으로 하고 그 기둥의 갈고리와
가름대는 은으로 할지며

12 뜰의 옆 곧 서쪽에 너비 쉰 규빗의 포장
을 치되 그 기둥이 열이요 받침이 열이며

13 동쪽을 향하여 뜰 동쪽의 너비도 쉰 규
빗이 될지며

14 문 이쪽을 위하여 포장이 열다섯 규빗
이며 그 기둥이 셋이요 받침이 셋이요

15 문 저쪽을 위하여도 포장이 열다섯 규
빗이며 그 기둥이 셋이요 받침이 셋이며

16 뜰 문을 위하여는 청색 자색 홍색 실과
가늘게 꼰 베 실로 수 놓아 짠 스무 규빗의
휘장이 있게 할지니 그 기둥이 넷이요 받
침이 넷이며

17 뜰 주위 모든 기둥의 가름대와 갈고리
는 은이요 그 받침은 놋이며

18 뜰의 길이는 백 규빗이요 너비는 쉰 규
빗이요 세마포 휘장의 높이는 다섯 규빗
이요 그 받침은 놋이며

19 성막에서 쓰는 모든 기구와 그 말뚝과
뜰의 포장 말뚝을 다 놋으로 할지니라

등불 관리(레 24:1-4)

20 너는 또 이스라엘 자손에게 명령하여
감람으로 짠 순수한 기름을 등불을 위하
여 네게로 가져오게 하고 끊이지 않게 등
불을 켜되

21 아론과 그의 아들들로 회막 안 증거궤
앞 휘장 밖에서 저녁부터 아침까지 항상

12

13

14

15

16

17

18

19

등불 관리(레 24:1-4)

20

21

여호와 앞에 그 등불을 보살피게 하라 이
는 이스라엘 자손이 대대로 지킬 규례이
니라

### 제사장의 옷(출 39:1-7)

28 너는 이스라엘 자손 중 네 형 아론
과 그의 아들들 곧 아론과 아론의
아들들 나답과 아비후와 엘르아살과 이
다말을 그와 함께 네게로 나아오게 하여
나를 섬기는 제사장 직분을 행하게 하되

2 네 형 아론을 위하여 거룩한 옷을 지어
영화롭고 아름답게 할지니

3 너는 무릇 마음에 지혜 있는 모든 자
곧 내가 지혜로운 영으로 채운 자들에게
말하여 아론의 옷을 지어 그를 거룩하게
하여 내게 제사장 직분을 행하게 하라

4 그들이 지을 옷은 이러하니 곧 흉패와
에봇과 겉옷과 반포 속옷과 관과 띠라 그
들이 네 형 아론과 그 아들들을 위하여 거
룩한 옷을 지어 아론이 내게 제사장 직분
을 행하게 하라

5 그들이 쓸 것은 금 실과 청색 자색 홍
색 실과 가늘게 꼰 베 실이니라

6 그들이 금 실과 청색 자색 홍색 실과
가늘게 꼰 베 실로 정교하게 짜서 에봇을
짓되

7 그것에 어깨받이 둘을 달아 그 두 끝을
이어지게 하고

8 에봇 위에 매는 띠는 에봇 짜는 법으로
금 실과 청색 자색 홍색 실과 가늘게 꼰
베 실로 에봇에 정교하게 붙여 짤지며

제사장의 옷(출 39:1-7)

28

2

3

4

5

6

7

8

9 호마노 두 개를 가져다가 그 위에 이스
라엘 아들들의 이름을 새기되

10 그들의 나이대로 여섯 이름을 한 보석에,
나머지 여섯 이름은 다른 보석에 새기라

11 보석을 새기는 자가 도장에 새김 같이
너는 이스라엘 아들들의 이름을 그 두 보
석에 새겨 금 테에 물리고

12 그 두 보석을 에봇의 두 어깨받이에 붙
여 이스라엘 아들들의 기념 보석을 삼되
아론이 여호와 앞에서 그들의 이름을 그
두 어깨에 메워서 기념이 되게 할지며

13 너는 금으로 테를 만들고

14 순금으로 노끈처럼 두 사슬을 땋고 그
땋은 사슬을 그 테에 달지니라

판결 흉패(출 39:8-21)

15 너는 판결 흉패를 에봇 짜는 방법으로
금 실과 청색 자색 홍색 실과 가늘게 꼰
베 실로 정교하게 짜서 만들되

16 길이와 너비가 한 뼘씩 두 겹으로 네모
반듯하게 하고

17 그것에 네 줄로 보석을 물리되 첫 줄은
홍보석 황옥 녹주옥이요

18 둘째 줄은 석류석 남보석 홍마노요

19 셋째 줄은 호박 백마노 자수정이요

20 넷째 줄은 녹보석 호마노 벽옥으로 다
금 테에 물릴지니

21 이 보석들은 이스라엘 아들들의 이름
대로 열둘이라 보석마다 열두 지파의 한
이름씩 도장을 새기는 법으로 새기고

9

10

11

12

13

14

판결 흉패(출 39:8-21)

15

16

17

18

19

20

21

22 순금으로 노끈처럼 땋은 사슬을 흉패
위에 붙이고
23 또 금 고리 둘을 만들어 흉패 위 곧 흉
패 두 끝에 그 두 고리를 달고
24 땋은 두 금 사슬로 흉패 두 끝 두 고리
에 꿰어 매고
25 두 땋은 사슬의 다른 두 끝을 에봇 앞
두 어깨받이의 금 테에 매고
26 또 금 고리 둘을 만들어 흉패 아래 양
쪽 가 안쪽 곧 에봇에 닿은 곳에 달고
27 또 금 고리 둘을 만들어 에봇 앞 두 어
깨받이 아래 매는 자리 가까운 쪽 곧 정교
하게 짠 띠 위쪽에 달고
28 청색 끈으로 흉패 고리와 에봇 고리에
꿰어 흉패로 정교하게 짠 에봇 띠 위에 붙
여 떨어지지 않게 하라
29 아론이 성소에 들어갈 때에는 이스라
엘 아들들의 이름을 기록한 이 판결 흉패
를 가슴에 붙여 여호와 앞에 영원한 기념
을 삼을 것이니라
30 너는 우림과 둠밈을 판결 흉패 안에 넣
어 아론이 여호와 앞에 들어갈 때에 그의
가슴에 붙이게 하라 아론은 여호와 앞에
서 이스라엘 자손의 흉패를 항상 그의 가
슴에 붙일지니라

제사장의 또 다른 옷(출 39:22-31)

31 너는 에봇 받침 겉옷을 전부 청색으로
하되
32 두 어깨 사이에 머리 들어갈 구멍을 내

22

23

24

25

26

27

28

29

30

제사장의 또 다른 옷(출 39:22-31)

31

32

고 그 주위에 갑옷 깃 같이 깃을 짜서 찢
어지지 않게 하고

33 그 옷 가장자리로 돌아가며 청색 자색
홍색 실로 석류를 수 놓고 금 방울을 간격
을 두어 달되

34 그 옷 가장자리로 돌아가며 한 금 방울,
한 석류, 한 금 방울, 한 석류가 있게 하라

35 아론이 입고 여호와를 섬기러 성소에
들어갈 때와 성소에서 나올 때에 그 소리
가 들릴 것이라 그리하면 그가 죽지 아니
하리라

36 너는 또 순금으로 패를 만들어 도장을
새기는 법으로 그 위에 새기되 '여호와께
성결'이라 하고

37 그 패를 청색 끈으로 관 위에 매되 곧
관 전면에 있게 하라

38 이 패를 아론의 이마에 두어 그가 이스
라엘 자손이 거룩하게 드리는 성물과 관
련된 죄책을 담당하게 하라 그 패가 아론
의 이마에 늘 있으므로 그 성물을 여호와
께서 받으시게 되리라

39 너는 가는 베 실로 반포 속옷을 짜고
가는 베 실로 관을 만들고 띠를 수 놓아
만들지니라

40 너는 아론의 아들들을 위하여 속옷을
만들며 그들을 위하여 띠를 만들며 그들
을 위하여 관을 만들어 영화롭고 아름답
게 하되

41 너는 그것들로 네 형 아론과 그와 함께
한 그의 아들들에게 입히고 그들에게 기

름을 부어 위임하고 거룩하게 하여 그들
이 제사장 직분을 내게 행하게 할지며

42 또 그들을 위하여 베로 속바지를 만들
어 허리에서부터 두 넓적다리까지 이르
게 하여 하체를 가리게 하라

43 아론과 그의 아들들이 회막에 들어갈
때에나 제단에 가까이 하여 거룩한 곳에
서 섬길 때에 그것들을 입어야 죄를 짊어
진 채 죽지 아니하리니 그와 그의 후손이
영원히 지킬 규례니라

제사장 직분 위임(레 8:1-36)

29 네가 그들에게 나를 섬길 제사장
직분을 위임하여 그들을 거룩하게
할 일은 이러하니 곧 어린 수소 하나와 흠
없는 숫양 둘을 택하고

2 무교병과 기름 섞인 무교 과자와 기름
바른 무교 전병을 모두 고운 밀가루로 만
들고

3 그것들을 한 광주리에 담고 그것을 광
주리에 담은 채 그 송아지와 두 양과 함께
가져오라

4 너는 아론과 그의 아들들을 회막 문으
로 데려다가 물로 씻기고

5 의복을 가져다가 아론에게 속옷과 에
봇 받침 겉옷과 에봇을 입히고 흉패를 달
고 에봇에 정교하게 짠 띠를 띠게 하고

6 그의 머리에 관을 씌우고 그 위에 거룩
한 패를 더하고

7 관유를 가져다가 그의 머리에 부어 바
르고

42

43

제사장 직분 위임(레 8:1-36)

29

2

3

4

5

6

7

| | |
|---|---|
| 8 그의 아들들을 데려다가 그들에게 속<br>옷을 입히고 | 8 |
| 9 아론과 그의 아들들에게 띠를 띠우며<br>관을 씌워 그들에게 제사장의 직분을 맡<br>겨 영원한 규례가 되게 하라 너는 이같이<br>아론과 그의 아들들에게 위임하여 거룩<br>하게 할지니라 | 9 |
| 10 너는 수송아지를 회막 앞으로 끌어오<br>고 아론과 그의 아들들은 그 송아지 머리<br>에 안수할지며 | 10 |
| 11 너는 회막 문 여호와 앞에서 그 송아지<br>를 잡고 | 11 |
| 12 그 피를 네 손가락으로 제단 뿔들에 바<br>르고 그 피 전부를 제단 밑에 쏟을지며 | 12 |
| 13 내장에 덮인 모든 기름과 간 위에 있는<br>꺼풀과 두 콩팥과 그 위의 기름을 가져다<br>가 제단 위에 불사르고 | 13 |
| 14 그 수소의 고기와 가죽과 똥을 진 밖에<br>서 불사르라 이는 속죄제니라 | 14 |
| 15 너는 또 숫양 한 마리를 끌어오고 아론<br>과 그의 아들들은 그 숫양의 머리 위에 안<br>수할지며 | 15 |
| 16 너는 그 숫양을 잡고 그 피를 가져다가 제<br>단 위의 주위에 뿌리고 | 16 |
| 17 그 숫양의 각을 뜨고 그 장부와 다리는<br>씻어 각을 뜬 고기와 그 머리와 함께 두고 | 17 |
| 18 그 숫양 전부를 제단 위에 불사르라 이<br>는 여호와께 드리는 번제요 이는 향기로<br>운 냄새니 여호와께 드리는 화제니라 | 18 |

19 너는 다른 숫양을 택하고 아론과 그 아
들들은 그 숫양의 머리 위에 안수할지며

20 너는 그 숫양을 잡고 그것의 피를 가져
다가 아론의 오른쪽 귓부리와 그의 아들
들의 오른쪽 귓부리에 바르고 그 오른손
엄지와 오른발 엄지에 바르고 그 피를 제
단 주위에 뿌리고

21 제단 위의 피와 관유를 가져다가 아론
과 그의 옷과 그의 아들들과 그의 아들들
의 옷에 뿌리라 그와 그의 옷과 그의 아들
들과 그의 아들들의 옷이 거룩하리라

22 또 너는 그 숫양의 기름과 기름진 꼬리
와 그것의 내장에 덮인 기름과 간 위의 꺼
풀과 두 콩팥과 그것들 위의 기름과 오른
쪽 넓적다리를 가지라 이는 위임식의 숫
양이라

23 또 여호와 앞에 있는 무교병 광주리에
서 떡 한 개와 기름 바른 과자 한 개와 전
병 한 개를 가져다가

24 그 전부를 아론의 손과 그의 아들들의
손에 주고 그것을 흔들어 여호와 앞에 요
제를 삼을지며

25 너는 그것을 그들의 손에서 가져다가 제
단 위에서 번제물을 더하여 불사르라 이는
여호와 앞에 향기로운 냄새니 곧 여호와께
드리는 화제니라

26 너는 아론의 위임식 숫양의 가슴을 가
져다가 여호와 앞에 흔들어 요제를 삼으
라 이것이 네 분깃이니라

27 너는 그 흔든 요제물 곧 아론과 그의

아들들의 위임식 숫양의 가슴과 넓적다
리를 거룩하게 하라

28 이는 이스라엘 자손이 아론과 그의 자
손에게 돌릴 영원한 분깃이요 거제물이
니 곧 이스라엘 자손이 화목제의 제물 중
에서 취한 거제물로서 여호와께 드리는
거제물이니라

29 아론의 성의는 후에 아론의 아들들에
게 돌릴지니 그들이 그것을 입고 기름 부
음으로 위임을 받을 것이며

30 그를 이어 제사장이 되는 아들이 회막
에 들어가서 성소에서 섬길 때에는 이레
동안 그것을 입을지니라

31 너는 위임식 숫양을 가져다가 거룩한
곳에서 그 고기를 삶고

32 아론과 그의 아들들은 회막 문에서 그
숫양의 고기와 광주리에 있는 떡을 먹을
지라

33 그들은 속죄물 곧 그들을 위임하며 그들
을 거룩하게 하는 데 쓰는 것을 먹되 타인은
먹지 못할지니 그것이 거룩하기 때문이라

34 위임식 고기나 떡이 아침까지 남아 있
으면 그것을 불에 사를지니 이는 거룩한
즉 먹지 못할지니라

35 너는 내가 네게 한 모든 명령대로 아론
과 그의 아들들에게 그같이 하여 이레 동
안 위임식을 행하되

36 매일 수송아지 하나로 속죄하기 위하
여 속죄제를 드리며 또 제단을 위하여 속
죄하여 깨끗하게 하고 그것에 기름을 부

어 거룩하게 하라

37 너는 이레 동안 제단을 위하여 속죄하
여 거룩하게 하라 그리하면 지극히 거룩
한 제단이 되리니 제단에 접촉하는 모든
것이 거룩하리라

### 매일 드릴 번제(민 28:1-8)

38 네가 제단 위에 드릴 것은 이러하니라
매일 일 년 된 어린 양 두 마리니

39 한 어린 양은 아침에 드리고 한 어린
양은 저녁 때에 드릴지며

40 한 어린 양에 고운 밀가루 십분의 일 에
바와 찧은 기름 사분의 일 힌을 더하고 또
전제로 포도주 사분의 일 힌을 더할지며

41 한 어린 양은 저녁 때에 드리되 아침에
한 것처럼 소제와 전제를 그것과 함께 드
려 향기로운 냄새가 되게 하여 여호와께
화제로 삼을지니

42 이는 너희가 대대로 여호와 앞 회막 문
에서 늘 드릴 번제라 내가 거기서 너희와
만나고 네게 말하리라

43 내가 거기서 이스라엘 자손을 만나리
니 내 영광으로 말미암아 회막이 거룩하
게 될지라

44 내가 그 회막과 제단을 거룩하게 하며
아론과 그의 아들들도 거룩하게 하여 내
게 제사장 직분을 행하게 하며

45 내가 이스라엘 자손 중에 거하여 그들
의 하나님이 되리니

46 그들은 내가 그들의 하나님 여호와로

37

매일 드릴 번제(민 28:1-8)

38

39

40

41

42

43

44

45

46

서 그들 중에 거하려고 그들을 애굽 땅에
서 인도하여 낸 줄을 알리라 나는 그들의
하나님 여호와니라

분향할 제단(출 37:25-28)

30 너는 분향할 제단을 만들지니 곧
조각목으로 만들되
2 길이가 한 규빗, 너비가 한 규빗으로
네모가 반듯하게 하고 높이는 두 규빗으
로 하며 그 뿔을 그것과 이어지게 하고
3 제단 상면과 전후 좌우 면과 뿔을 순금
으로 싸고 주위에 금 테를 두를지며
4 금 테 아래 양쪽에 금 고리 둘을 만들
되 곧 그 양쪽에 만들지니 이는 제단을 메
는 채를 꿸 곳이며
5 그 채를 조각목으로 만들고 금으로 싸고
6 그 제단을 증거궤 위 속죄소 맞은편 곧
증거궤 앞에 있는 휘장 밖에 두라 그 속죄
소는 내가 너와 만날 곳이며
7 아론이 아침마다 그 위에 향기로운 향
을 사르되 등불을 손질할 때에 사를지며
8 또 저녁 때 등불을 켤 때에 사를지니
이 향은 너희가 대대로 여호와 앞에 끊지
못할지며
9 너희는 그 위에 다른 향을 사르지 말며
번제나 소제를 드리지 말며 전제의 술을
붓지 말며
10 아론이 일 년에 한 번씩 이 향단 뿔을
위하여 속죄하되 속죄제의 피로 일 년에
한 번씩 대대로 속죄할지니라 이 제단은

분향할 제단(출 37:25-28)

30

2

3

4

5

6

7

8

9

10

**여호와께 지극히 거룩하니라**

### 회막 봉사에 쓰는 속전

11 **여호와께서 모세에게 말씀하여 이르시되**

12 **네가 이스라엘 자손의 수효를 조사할 때에 조사 받은 각 사람은 그들을 계수할 때에 자기의 생명의 속전을 여호와께 드릴지니 이는 그들을 계수할 때에 그들 중에 질병이 없게 하려 함이라**

13 **무릇 계수 중에 드는 자마다 성소의 세겔로 반 세겔을 낼지니 한 세겔은 이십 게라라 그 반 세겔을 여호와께 드릴지며**

14 **계수 중에 드는 모든 자 곧 스무 살 이상 된 자가 여호와께 드리되**

15 **너희의 생명을 대속하기 위하여 여호와께 드릴 때에 부자라고 반 세겔에서 더 내지 말고 가난한 자라고 덜 내지 말지며**

16 **너는 이스라엘 자손에게서 속전을 취하여 회막 봉사에 쓰라 이것이 여호와 앞에서 이스라엘 자손의 기념이 되어서 너희의 생명을 대속하리라**

### 놋 물두멍

17 **여호와께서 모세에게 말씀하여 이르시되**

18 **너는 물두멍을 놋으로 만들고 그 받침도 놋으로 만들어 씻게 하되 그것을 회막과 제단 사이에 두고 그 속에 물을 담으라**

19 **아론과 그의 아들들이 그 두멍에서 수족을 씻되**

20 **그들이 회막에 들어갈 때에 물로 씻어 죽기를 면할 것이요 제단에 가까이 가서**

회막 봉사에 쓰는 속전

11

12

13

14

15

16

놋 물두멍

17

18

19

20

그 직분을 행하여 여호와 앞에 화제를 사
를 때에도 그리 할지니라

21 이와 같이 그들이 그 수족을 씻어 죽기
를 면할지니 이는 그와 그의 자손이 대대
로 영원히 지킬 규례니라

거룩한 향기름

22 여호와께서 모세에게 또 말씀하여 이
르시되

23 너는 상등 향품을 가지되 액체 몰약 오
백 세겔과 그 반수의 향기로운 육계 이백
오십 세겔과 향기로운 창포 이백오십 세
겔과

24 계피 오백 세겔을 성소의 세겔로 하고
감람 기름 한 힌을 가지고

25 그것으로 거룩한 관유를 만들되 향을
제조하는 법대로 향기름을 만들지니 그
것이 거룩한 관유가 될지라

26 너는 그것을 회막과 증거궤에 바르고

27 상과 그 모든 기구이며 등잔대와 그 기
구이며 분향단과

28 및 번제단과 그 모든 기구와 물두멍과
그 받침에 발라

29 그것들을 지극히 거룩한 것으로 구별하
라 이것에 접촉하는 것은 모두 거룩하리라

30 너는 아론과 그의 아들들에게 기름을
발라 그들을 거룩하게 하고 그들이 내게
제사장 직분을 행하게 하고

31 이스라엘 자손에게 말하여 이르기를
이것은 너희 대대로 내게 거룩한 관유니

거룩한 향기름

21

22

23

24

25

26

27

28

29

30

31

32 사람의 몸에 붓지 말며 이 방법대로 이
와 같은 것을 만들지 말라 이는 거룩하니
너희는 거룩히 여기라

33 이와 같은 것을 만드는 모든 자와 이것
을 타인에게 붓는 모든 자는 그 백성 중에
서 끊어지리라 하라

### 거룩한 향

34 여호와께서 모세에게 이르시되 너는
소합향과 나감향과 풍자향의 향품을 가
져다가 그 향품을 유향에 섞되 각기 같은
분량으로 하고

35 그것으로 향을 만들되 향 만드는 법대
로 만들고 그것에 소금을 쳐서 성결하게
하고

36 그 향 얼마를 곱게 찧어 내가 너와 만
날 회막 안 증거궤 앞에 두라 이 향은 너
희에게 지극히 거룩하니라

37 네가 여호와를 위하여 만들 향은 거룩
한 것이니 너희를 위하여는 그 방법대로
만들지 말라

38 냄새를 맡으려고 이같은 것을 만드는
모든 자는 그 백성 중에서 끊어지리라

### 회막 기구를 만들게 하라(출 35:30-36:1)

31 여호와께서 모세에게 말씀하여 이
르시되

2 내가 유다 지파 훌의 손자요 우리의 아
들인 브살렐을 지명하여 부르고

3 하나님의 영을 그에게 충만하게 하여
지혜와 총명과 지식과 여러 가지 재주로

32

33

거룩한 향

34

35

36

37

38

회막 기구를 만들게 하라(출 35:30-36:1)

31

2

3

4 정교한 일을 연구하여 금과 은과 놋으
로 만들게 하며

5 보석을 깎아 물리며 여러 가지 기술로
나무를 새겨 만들게 하리라

6 내가 또 단 지파 아히사막의 아들 오홀
리압을 세워 그와 함께 하게 하며 지혜로
운 마음이 있는 모든 자에게 내가 지혜를
주어 그들이 내가 네게 명령한 것을 다 만
들게 할지니

7 곧 회막과 증거궤와 그 위의 속죄소와
회막의 모든 기구와

8 상과 그 기구와 순금 등잔대와 그 모든
기구와 분향단과

9 번제단과 그 모든 기구와 물두멍과 그
받침과

10 제사직을 행할 때에 입는 정교하게 짠
의복 곧 제사장 아론의 성의와 그의 아들
들의 옷과

11 관유와 성소의 향기로운 향이라 무릇
내가 네게 명령한 대로 그들이 만들지니라

안식일

12 여호와께서 모세에게 말씀하여 이르시되

13 너는 이스라엘 자손에게 말하여 이르
기를 너희는 나의 안식일을 지키라 이는
나와 너희 사이에 너희 대대의 표징이니
나는 너희를 거룩하게 하는 여호와인 줄
너희가 알게 함이라

14 너희는 안식일을 지킬지니 이는 너희
에게 거룩한 날이 됨이니라 그 날을 더럽

4
5
6
7
8
9
10
11
안식일
12
13
14

**히는 자는 모두 죽일지며 그 날에 일하는
자는 모두 그 백성 중에서 그 생명이 끊어
지리라**

15 **엿새 동안은 일할 것이나 일곱째 날은
큰 안식일이니 여호와께 거룩한 것이라
안식일에 일하는 자는 누구든지 반드시
죽일지니라**

16 **이같이 이스라엘 자손이 안식일을 지
켜서 그것으로 대대로 영원한 언약을 삼
을 것이니**

17 **이는 나와 이스라엘 자손 사이에 영원
한 표징이며 나 여호와가 엿새 동안에 천
지를 창조하고 일곱째 날에 일을 마치고
쉬었음이니라 하라**

증거판

18 **여호와께서 시내 산 위에서 모세에게 이
르시기를 마치신 때에 증거판 둘을 모세에
게 주시니 이는 돌판이요 하나님이 친히 쓰
신 것이더라**

금 송아지(신 9:6-29)

32 **백성이 모세가 산에서 내려옴이 더
딤을 보고 모여 백성이 아론에게
이르러 말하되 일어나라 우리를 위하여
우리를 인도할 신을 만들라 이 모세 곧 우
리를 애굽 땅에서 인도하여 낸 사람은 어
찌 되었는지 알지 못함이니라**

2 **아론이 그들에게 이르되 너희의 아내
와 자녀의 귀에서 금 고리를 빼어 내게로
가져오라**

3 **모든 백성이 그 귀에서 금 고리를 빼어**

15

16

17

증거판

18

금 송아지(신 9:6-29)

32

2

3

아론에게로 가져가매
4 아론이 그들의 손에서 금 고리를 받아
부어서 조각칼로 새겨 송아지 형상을 만
드니 그들이 말하되 이스라엘아 이는 너
희를 애굽 땅에서 인도하여 낸 너희의 신
이로다 하는지라
5 아론이 보고 그 앞에 제단을 쌓고 이에
아론이 공포하여 이르되 내일은 여호와
의 절일이니라 하니
6 이튿날에 그들이 일찍이 일어나 번제
를 드리며 화목제를 드리고 백성이 앉아
서 먹고 마시며 일어나서 뛰놀더라
7 여호와께서 모세에게 이르시되 너는
내려가라 네가 애굽 땅에서 인도하여 낸
네 백성이 부패하였도다
8 그들이 내가 그들에게 명령한 길을 속
히 떠나 자기를 위하여 송아지를 부어 만
들고 그것을 예배하며 그것에게 제물을
드리며 말하기를 이스라엘아 이는 너희
를 애굽 땅에서 인도하여 낸 너희 신이라
하였도다
9 여호와께서 또 모세에게 이르시되 내
가 이 백성을 보니 목이 뻣뻣한 백성이로
다
10 그런즉 내가 하는 대로 두라 내가 그들
에게 진노하여 그들을 진멸하고 너를 큰
나라가 되게 하리라
11 모세가 그의 하나님 여호와께 구하여
이르되 여호와여 어찌하여 그 큰 권능과
강한 손으로 애굽 땅에서 인도하여 내신

**주의 백성에게 진노하시나이까**

12 **어찌하여 애굽 사람들이 이르기를 여**
**호와가 자기의 백성을 산에서 죽이고 지**
**면에서 진멸하려는 악한 의도로 인도해**
**내었다고 말하게 하시려 하나이까 주의**
**맹렬한 노를 그치시고 뜻을 돌이키사 주**
**의 백성에게 이 화를 내리지 마옵소서**

13 **주의 종 아브라함과 이삭과 이스라엘을**
**기억하소서 주께서 그들을 위하여 주를 가**
**리켜 맹세하여 이르시기를 내가 너희의 자**
**손을 하늘의 별처럼 많게 하고 내가 허락**
**한 이 온 땅을 너희의 자손에게 주어 영원**
**한 기업이 되게 하리라 하셨나이다**

14 **여호와께서 뜻을 돌이키사 말씀하신**
**화를 그 백성에게 내리지 아니하시니라**

15 **모세가 돌이켜 산에서 내려오는데 두**
**증거판이 그의 손에 있고 그 판의 양면 이**
**쪽 저쪽에 글자가 있으니**

16 **그 판은 하나님이 만드신 것이요 글자**
**는 하나님이 쓰셔서 판에 새기신 것이더**
**라**

17 **여호수아가 백성들의 요란한 소리를**
**듣고 모세에게 말하되 진중에서 싸우는**
**소리가 나나이다**

18 **모세가 이르되 이는 승전가도 아니요**
**패하여 부르짖는 소리도 아니라 내가 듣**
**기에는 노래하는 소리로다 하고**

19 **진에 가까이 이르러 그 송아지와 그 춤**
**추는 것들을 보고 크게 노하여 손에서 그**
**판들을 산 아래로 던져 깨뜨리니라**

12

13

14

15

16

17

18

19

20 모세가 그들이 만든 송아지를 가져다
가 불살라 부수어 가루를 만들어 물에 뿌
려 이스라엘 자손에게 마시게 하니라

21 모세가 아론에게 이르되 이 백성이 당
신에게 어떻게 하였기에 당신이 그들을
큰 죄에 빠지게 하였느냐

22 아론이 이르되 내 주여 노하지 마소서
이 백성의 악함을 당신이 아나이다

23 그들이 내게 말하기를 우리를 위하여
우리를 인도할 신을 만들라 이 모세 곧 우
리를 애굽 땅에서 인도하여 낸 사람은 어
찌 되었는지 알 수 없노라 하기에

24 내가 그들에게 이르기를 금이 있는 자
는 빼내라 한즉 그들이 그것을 내게로 가
져왔기로 내가 불에 던졌더니 이 송아지
가 나왔나이다

25 모세가 본즉 백성이 방자하니 이는 아
론이 그들을 방자하게 하여 원수에게 조
롱거리가 되게 하였음이라

26 이에 모세가 진 문에 서서 이르되 누구
든지 여호와의 편에 있는 자는 내게로 나
아오라 하매 레위 자손이 다 모여 그에게
로 가는지라

27 모세가 그들에게 이르되 이스라엘의
하나님 여호와께서 이렇게 말씀하시기를
너희는 각각 허리에 칼을 차고 진 이 문에
서 저 문까지 왕래하며 각 사람이 그 형제
를, 각 사람이 자기의 친구를, 각 사람이
자기의 이웃을 죽이라 하셨느니라

28 레위 자손이 모세의 말대로 행하매 이

20

21

22

23

24

25

26

27

28

**날에 백성 중에 삼천 명 가량이 죽임을 당**
**하니라**

**29 모세가 이르되 각 사람이 자기의 아들**
**과 자기의 형제를 쳤으니 오늘 여호와께**
**헌신하게 되었느니라 그가 오늘 너희에**
**게 복을 내리시리라**

**30 이튿날 모세가 백성에게 이르되 너희**
**가 큰 죄를 범하였도다 내가 이제 여호와**
**께로 올라가노니 혹 너희를 위하여 속죄**
**가 될까 하노라 하고**

**31 모세가 여호와께로 다시 나아가 여짜**
**오되 슬프도소이다 이 백성이 자기들을**
**위하여 금 신을 만들었사오니 큰 죄를 범**
**하였나이다**

**32 그러나 이제 그들의 죄를 사하시옵소**
**서 그렇지 아니하시오면 원하건대 주께**
**서 기록하신 책에서 내 이름을 지워 버려**
**주옵소서**

**33 여호와께서 모세에게 이르시되 누구**
**든지 내게 범죄하면 내가 내 책에서 그를**
**지워 버리리라**

**34 이제 가서 내가 네게 말한 곳으로 백성**
**을 인도하라 내 사자가 네 앞서 가리라 그**
**러나 내가 보응할 날에는 그들의 죄를 보**
**응하리라**

**35 여호와께서 백성을 치시니 이는 그들**
**이 아론이 만든 바 그 송아지를 만들었음**
**이더라**

시내 산을 떠나라고 명하시다

29

30

31

32

33

34

35

시내 산을 떠나라고 명하시다

33 여호와께서 모세에게 이르시되 너는 네가 애굽 땅에서 인도하여 낸 백성과 함께 여기를 떠나서 내가 아브라함과 이삭과 야곱에게 맹세하여 네 자손에게 주기로 한 그 땅으로 올라가라

2 내가 사자를 너보다 앞서 보내어 가나안 사람과 아모리 사람과 헷 사람과 브리스 사람과 히위 사람과 여부스 사람을 쫓아내고

3 너희를 젖과 꿀이 흐르는 땅에 이르게 하려니와 나는 너희와 함께 올라가지 아니하리니 너희는 목이 곧은 백성인즉 내가 길에서 너희를 진멸할까 염려함이니라 하시니

4 백성이 이 준엄한 말씀을 듣고 슬퍼하여 한 사람도 자기의 몸을 단장하지 아니하니

5 여호와께서 모세에게 이르시기를 이스라엘 자손에게 이르라 너희는 목이 곧은 백성인즉 내가 한 순간이라도 너희 가운데에 이르면 너희를 진멸하리니 너희는 장신구를 떼어 내라 그리하면 내가 너희에게 어떻게 할 것인지 정하겠노라 하셨음이라

6 이스라엘 자손이 호렙 산에서부터 그들의 장신구를 떼어 내니라

회막

7 모세가 항상 장막을 취하여 진 밖에 쳐서 진과 멀리 떠나게 하고 회막이라 이름하니 여호와를 앙모하는 자는 다 진 바깥 회막으로 나아가며

33
2
3
4
5
6
회막
7

8 모세가 회막으로 나아갈 때에는 백성
이 다 일어나 자기 장막 문에 서서 모세가
회막에 들어가기까지 바라보며

9 모세가 회막에 들어갈 때에 구름 기둥
이 내려 회막 문에 서며 여호와께서 모세
와 말씀하시니

10 모든 백성이 회막 문에 구름 기둥이 서
있는 것을 보고 다 일어나 각기 장막 문에
서서 예배하며

11 사람이 자기의 친구와 이야기함 같이
여호와께서는 모세와 대면하여 말씀하시
며 모세는 진으로 돌아오나 눈의 아들 젊
은 수종자 여호수아는 회막을 떠나지 아니
하니라

여호와께서 친히 가리라 하시다

12 모세가 여호와께 아뢰되 보시옵소서
주께서 내게 이 백성을 인도하여 올라가
라 하시면서 나와 함께 보낼 자를 내게 지
시하지 아니하시나이다 주께서 전에 말
씀하시기를 나는 이름으로도 너를 알고
너도 내 앞에 은총을 입었다 하셨사온즉

13 내가 참으로 주의 목전에 은총을 입었
사오면 원하건대 주의 길을 내게 보이사
내게 주를 알리시고 나로 주의 목전에 은
총을 입게 하시며 이 족속을 주의 백성으
로 여기소서

14 여호와께서 이르시되 내가 친히 가리
라 내가 너를 쉬게 하리라

15 모세가 여호와께 아뢰되 주께서 친히
가지 아니하시려거든 우리를 이 곳에서

8

9

10

11

여호와께서 친히 가리라 하시다

12

13

14

15

올려 보내지 마옵소서

16 나와 주의 백성이 주의 목전에 은총 입
은 줄을 무엇으로 알리이까 주께서 우리
와 함께 행하심으로 나와 주의 백성을 천
하 만민 중에 구별하심이 아니니이까

17 여호와께서 모세에게 이르시되 네가
말하는 이 일도 내가 하리니 너는 내 목전
에 은총을 입었고 내가 이름으로도 너를
앎이니라

18 모세가 이르되 원하건대 주의 영광을
내게 보이소서

19 여호와께서 이르시되 내가 내 모든 선
한 것을 네 앞으로 지나가게 하고 여호와
의 이름을 네 앞에 선포하리라 나는 은혜
베풀 자에게 은혜를 베풀고 긍휼히 여길
자에게 긍휼을 베푸느니라

20 또 이르시되 네가 내 얼굴을 보지 못하
리니 나를 보고 살 자가 없음이니라

21 여호와께서 또 이르시기를 보라 내 곁
에 한 장소가 있으니 너는 그 반석 위에
서라

22 내 영광이 지나갈 때에 내가 너를 반석
틈에 두고 내가 지나도록 내 손으로 너를
덮었다가

23 손을 거두리니 네가 내 등을 볼 것이요
얼굴은 보지 못하리라

두 번째 돌판(신 10:1-5)

34 여호와께서 모세에게 이르시되 너
는 돌판 둘을 처음 것과 같이 다듬
어 만들라 네가 깨뜨린 처음 판에 있던 말

16

17

18

19

20

21

22

23

두 번째 돌판(신 10:1-5)

34

**을 내가 그 판에 쓰리니**

2 **아침까지 준비하고 아침에 시내 산에**
**올라와 산 꼭대기에서 내게 보이되**

3 **아무도 너와 함께 오르지 말며 온 산에**
**아무도 나타나지 못하게 하고 양과 소도 산**
**앞에서 먹지 못하게 하라**

4 **모세가 돌판 둘을 처음 것과 같이 깎아**
**만들고 아침에 일찍이 일어나 그 두 돌판**
**을 손에 들고 여호와의 명령대로 시내 산**
**에 올라가니**

5 **여호와께서 구름 가운데에 강림하사**
**그와 함께 거기 서서 여호와의 이름을 선**
**포하실새**

6 **여호와께서 그의 앞으로 지나시며 선**
**포하시되 여호와라 여호와라 자비롭고**
**은혜롭고 노하기를 더디하고 인자와 진**
**실이 많은 하나님이라**

7 **인자를 천대까지 베풀며 악과 과실과**
**죄를 용서하리라 그러나 벌을 면제하지**
**는 아니하고 아버지의 악행을 자손 삼사**
**대까지 보응하리라**

8 **모세가 급히 땅에 엎드려 경배하며**

9 **이르되 주여 내가 주께 은총을 입었거**
**든 원하건대 주는 우리와 동행하옵소서**
**이는 목이 뻣뻣한 백성이니이다 우리의**
**악과 죄를 사하시고 우리를 주의 기업으**
**로 삼으소서**

다시 언약을 세우시다
(출 23:14-19; 신 7:1-5; 16:1-17)

10 **여호와께서 이르시되 보라 내가 언약을**

2
3
4
5
6
7
8
9
다시 언약을 세우시다(출 23:14-19; 신 7:1-5; 16:1-17)
10

세우나니 곧 내가 아직 온 땅 아무 국민에게
도 행하지 아니한 이적을 너희 전체 백성 앞
에 행할 것이라 네가 머무는 나라 백성이 다
여호와의 행하심을 보리니 내가 너를 위하
여 행할 일이 두려운 것임이니라

11 너는 내가 오늘 네게 명령하는 것을 삼
가 지키라 보라 내가 네 앞에서 아모리 사
람과 가나안 사람과 헷 사람과 브리스 사
람과 히위 사람과 여부스 사람을 쫓아내
리니

12 너는 스스로 삼가 네가 들어가는 땅의
주민과 언약을 세우지 말라 그것이 너희
에게 올무가 될까 하노라

13 너희는 도리어 그들의 제단들을 헐고
그들의 주상을 깨뜨리고 그들의 아세라
상을 찍을지어다

14 너는 다른 신에게 절하지 말라 여호와는
질투라 이름하는 질투의 하나님임이니라

15 너는 삼가 그 땅의 주민과 언약을 세우
지 말지니 이는 그들이 모든 신을 음란하게
섬기며 그들의 신들에게 제물을 드리고 너
를 청하면 네가 그 제물을 먹을까 함이며

16 또 네가 그들의 딸들을 네 아들들의 아
내로 삼음으로 그들의 딸들이 그들의 신들
을 음란하게 섬기며 네 아들에게 그들의
신들을 음란하게 섬기게 할까 함이니라

17 너는 신상들을 부어 만들지 말지니라

18 너는 무교절을 지키되 내가 네게 명령
한 대로 아빕월 그 절기에 이레 동안 무교
병을 먹으라 이는 네가 아빕월에 애굽에

11

12

13

14

15

16

17

18

서 나왔음이니라
19 모든 첫 태생은 다 내 것이며 네 가축
의 모든 처음 난 수컷인 소와 양도 다 그
러하며
20 나귀의 첫 새끼는 어린 양으로 대속할
것이요 그렇게 하지 아니하려면 그 목을
꺾을 것이며 네 아들 중 장자는 다 대속할
지며 빈 손으로 내 얼굴을 보지 말지니라
21 너는 엿새 동안 일하고 일곱째 날에는
쉴지니 밭 갈 때에나 거둘 때에도 쉴지며
22 칠칠절 곧 맥추의 초실절을 지키고 세
말에는 수장절을 지키라
23 너희의 모든 남자는 매년 세 번씩 주 여
호와 이스라엘의 하나님 앞에 보일지라
24 내가 이방 나라들을 네 앞에서 쫓아내
고 네 지경을 넓히리니 네가 매년 세 번씩
여호와 네 하나님을 뵈려고 올 때에 아무
도 네 땅을 탐내지 못하리라
25 너는 내 제물의 피를 유교병과 함께 드
리지 말며 유월절 제물을 아침까지 두지
말지며
26 네 토지 소산의 처음 익은 것을 가져다
가 네 하나님 여호와의 전에 드릴지며 너
는 염소 새끼를 그 어미의 젖으로 삶지 말
지니라
27 여호와께서 모세에게 이르시되 너는
이 말들을 기록하라 내가 이 말들의 뜻대
로 너와 이스라엘과 언약을 세웠음이니
라 하시니라
28 모세가 여호와와 함께 사십 일 사십 야

19

20

21

22

23

24

25

26

27

28

를 거기 있으면서 떡도 먹지 아니하였고
물도 마시지 아니하였으며 여호와께서는
언약의 말씀 곧 십계명을 그 판들에 기록
하셨더라

### 모세가 시내 산에서 내려오다

29 모세가 그 증거의 두 판을 모세의 손에
들고 시내 산에서 내려오니 그 산에서 내
려올 때에 모세는 자기가 여호와와 말하
였음으로 말미암아 얼굴 피부에 광채가
나나 깨닫지 못하였더라

30 아론과 온 이스라엘 자손이 모세를 볼
때에 모세의 얼굴 피부에 광채가 남을 보
고 그에게 가까이 하기를 두려워하더니

31 모세가 그들을 부르매 아론과 회중의
모든 어른이 모세에게로 오고 모세가 그
들과 말하니

32 그 후에야 온 이스라엘 자손이 가까이
오는지라 모세가 여호와께서 시내 산에
서 자기에게 이르신 말씀을 다 그들에게
명령하고

33 모세가 그들에게 말하기를 마치고 수
건으로 자기 얼굴을 가렸더라

34 그러나 모세가 여호와 앞에 들어가서
함께 말할 때에는 나오기까지 수건을 벗
고 있다가 나와서는 그 명령하신 일을 이
스라엘 자손에게 전하며

35 이스라엘 자손이 모세의 얼굴의 광채
를 보므로 모세가 여호와께 말하러 들어
가기까지 다시 수건으로 자기 얼굴을 가
렸더라

모세가 시내 산에서 내려오다

29

30

31

32

33

34

35

안식일 규례

35 모세가 이스라엘 자손의 온 회중을
모으고 그들에게 이르되 여호와께
서 너희에게 명령하사 행하게 하신 말씀
이 이러하니라
2 엿새 동안은 일하고 일곱째 날은 너희
를 위한 거룩한 날이니 여호와께 엄숙한
안식일이라 누구든지 이 날에 일하는 자
는 죽일지니
3 안식일에는 너희의 모든 처소에서 불
도 피우지 말지니라

여호와께 드릴 것들(출 25:1-9)

4 모세가 이스라엘 자손의 온 회중에게
말하여 이르되 여호와께서 명령하신 일
이 이러하니라 이르시기를
5 너희의 소유 중에서 너희는 여호와께
드릴 것을 택하되 마음에 원하는 자는 누
구든지 그것을 가져다가 여호와께 드릴
지니 곧 금과 은과 놋과
6 청색 자색 홍색 실과 가는 베 실과 염
소 털과
7 붉은 물 들인 숫양의 가죽과 해달의 가
죽과 조각목과
8 등유와 및 관유에 드는 향품과 분향할
향을 만드는 향품과
9 호마노며 에봇과 흉패에 물릴 보석이
니라
10 무릇 너희 중 마음이 지혜로운 자는 와
서 여호와께서 명령하신 것을 다 만들지니

안식일 규례

35

2

3

여호와께 드릴 것들(출 25:1-9)

4

5

6

7

8

9

10

11 곧 성막과 천막과 그 덮개와 그 갈고리
와 그 널판과 그 띠와 그 기둥과 그 받침과
12 증거궤와 그 채와 속죄소와 그 가리는
휘장과
13 상과 그 채와 그 모든 기구와 진설병과
14 불 켜는 등잔대와 그 기구와 그 등잔과
등유와
15 분향단과 그 채와 관유와 분향할 향품
과 성막 문의 휘장과
16 번제단과 그 놋 그물과 그 채와 그 모
든 기구와 물두멍과 그 받침과
17 뜰의 포장과 그 기둥과 그 받침과 뜰
문의 휘장과
18 장막 말뚝과 뜰의 말뚝과 그 줄과
19 성소에서 섬기기 위하여 정교하게 만
든 옷 곧 제사 직분을 행할 때에 입는 제
사장 아론의 거룩한 옷과 그의 아들들의
옷이니라

여호와께 자원하여 드린 예물

20 이스라엘 자손의 온 회중이 모세 앞에
서 물러갔더니
21 마음이 감동된 모든 자와 자원하는 모
든 자가 와서 회막을 짓기 위하여 그 속에
서 쓸 모든 것을 위하여, 거룩한 옷을 위하
여 예물을 가져다가 여호와께 드렸으니
22 곧 마음에 원하는 남녀가 와서 팔찌와
귀고리와 가락지와 목걸이와 여러 가지
금품을 가져다가 사람마다 여호와께 금
예물을 드렸으며

11

12

13

14

15

16

17

18

19

여호와께 자원하여 드린 예물

20

21

22

23 무릇 청색 자색 홍색 실과 가는 베 실과 염소 털과 붉은 물 들인 숫양의 가죽과 해달의 가죽이 있는 자도 가져왔으며

24 은과 놋으로 예물을 삼는 모든 자가 가져다가 여호와께 드렸으며 섬기는 일에 소용되는 조각목이 있는 모든 자는 가져왔으며

25 마음이 슬기로운 모든 여인은 손수 실을 빼고 그 뺀 청색 자색 홍색 실과 가는 베 실을 가져왔으며

26 마음에 감동을 받아 슬기로운 모든 여인은 염소 털로 실을 뽑았으며

27 모든 족장은 호마노와 및 에봇과 흉패에 물릴 보석을 가져왔으며

28 등불과 관유와 분향할 향에 소용되는 기름과 향품을 가져왔으니

29 마음에 자원하는 남녀는 누구나 여호와께서 모세의 손을 빌어 명령하신 모든 것을 만들기 위하여 물품을 드렸으니 이것이 이스라엘 자손이 여호와께 자원하여 드린 예물이니라

성막 일꾼(출 31:1-11)

30 모세가 이스라엘 자손에게 이르되 볼지어다 여호와께서 유다 지파 훌의 손자요 우리의 아들인 브살렐을 지명하여 부르시고

31 하나님의 영을 그에게 충만하게 하여 지혜와 총명과 지식으로 여러 가지 일을 하게 하시되

32 금과 은과 놋으로 제작하는 기술을 고

23

24

25

26

27

28

29

성막 일꾼(출 31:1-11)

30

31

32

안하게 하시며

33 보석을 깎아 물리며 나무를 새기는 여
러 가지 정교한 일을 하게 하셨고

34 또 그와 단 지파 아히사막의 아들 오홀
리압을 감동시키사 가르치게 하시며

35 지혜로운 마음을 그들에게 충만하게
하사 여러 가지 일을 하게 하시되 조각하
는 일과 세공하는 일과 청색 자색 홍색 실
과 가는 베 실로 수 놓는 일과 짜는 일과
그 외에 여러 가지 일을 하게 하시고 정교
한 일을 고안하게 하셨느니라

36 브살렐과 오홀리압과 및 마음이 지
혜로운 사람 곧 여호와께서 지혜와
총명을 부으사 성소에 쓸 모든 일을 할 줄
알게 하신 자들은 모두 여호와께서 명령
하신 대로 할 것이니라

예물로 드린 재료가 넉넉하다

2 모세가 브살렐과 오홀리압과 및 마음
이 지혜로운 사람 곧 그 마음에 여호와께
로부터 지혜를 얻고 와서 그 일을 하려고
마음에 원하는 모든 자를 부르매

3 그들이 이스라엘 자손의 성소의 모든
것을 만들기 위하여 가져온 예물을 모세
에게서 받으니라 그러나 백성이 아침마
다 자원하는 예물을 연하여 가져왔으므
로

4 성소의 모든 일을 하는 지혜로운 자들
이 각기 하는 일을 중지하고 와서

5 모세에게 말하여 이르되 백성이 너무
많이 가져오므로 여호와께서 명령하신

33

34

35

36

예물로 드린 재료가 넉넉하다

2

3

4

5

**일에 쓰기에 남음이 있나이다**

6 **모세가 명령을 내리매 그들이 진중에**
**공포하여 이르되 남녀를 막론하고 성소**
**에 드릴 예물을 다시 만들지 말라 하매 백**
**성이 가져오기를 그치니**

7 **있는 재료가 모든 일을 하기에 넉넉하**
**여 남음이 있었더라**

성막을 만들다(출 26:1-37)

8 **일하는 사람 중에 마음이 지혜로운 모**
**든 사람이 열 폭 휘장으로 성막을 지었으**
**니 곧 가늘게 꼰 베 실과 청색 자색 홍색 실**
**로 그룹들을 무늬 놓아 짜서 지은 것이라**

9 **매 폭의 길이는 스물여덟 규빗, 너비는**
**네 규빗으로 각 폭의 장단을 같게 하여**

10 **그 다섯 폭을 서로 연결하며 또 그 다**
**섯 폭을 서로 연결하고**

11 **연결할 끝폭 가에 청색 고를 만들며 다**
**른 연결할 끝폭 가에도 고를 만들되**

12 **그 연결할 한 폭에 고리 쉰 개를 달고**
**다른 연결할 한 폭의 가에도 고리 쉰 개를**
**달아 그 고들이 서로 대하게 하고**

13 **금 갈고리 쉰 개를 만들어 그 갈고리로**
**두 휘장을 연결하여 한 막을 이루었더라**

14 **그 성막을 덮는 막 곧 휘장을 염소 털**
**로 만들되 열한 폭을 만들었으니**

15 **각 폭의 길이는 서른 규빗, 너비는 네**
**규빗으로 열한 폭의 장단을 같게 하여**

16 **그 휘장 다섯 폭을 서로 연결하며 또**
**여섯 폭을 서로 연결하고**

6

7

성막을 만들다(출 26:1-37)

8

9

10

11

12

13

14

15

16

17 휘장을 연결할 끝폭 가에 고리 쉰 개를
달며 다른 연결할 끝폭 가에도 고리 쉰 개
를 달고

18 놋 갈고리 쉰 개를 만들어 그 휘장을
연결하여 한 막이 되게 하고

19 붉은 물 들인 숫양의 가죽으로 막의 덮
개를 만들고 해달의 가죽으로 그 윗덮개
를 만들었더라

20 그가 또 조각목으로 성막에 세울 널판
들을 만들었으니

21 각 판의 길이는 열 규빗, 너비는 한 규
빗 반이며

22 각 판에 두 촉이 있어 서로 연결하게
하였으니 성막의 모든 판이 그러하며

23 성막을 위하여 널판을 만들었으되 남
으로는 남쪽에 널판이 스무 개라

24 그 스무 개 널판 밑에 은 받침 마흔 개
를 만들었으되 곧 이 널판 밑에도 두 받침
이 그 두 촉을 받게 하였고 저 널판 밑에
도 두 받침이 그 두 촉을 받게 하였으며

25 성막 다른 쪽 곧 북쪽을 위하여도 널판
스무 개를 만들고

26 또 은 받침 마흔 개를 만들었으니 곧
이 판 밑에도 받침이 둘이요 저 판 밑에도
받침이 둘이며

27 장막 뒤 곧 서쪽을 위하여는 널판 여섯
개를 만들었고

28 장막 뒤 두 모퉁이 편을 위하여는 널판
두 개를 만들되

17

18

19

20

21

22

23

24

25

26

27

28

29 아래에서부터 위까지 각기 두 겹 두께
로 하여 윗고리에 이르게 하고 두 모퉁이
쪽을 다 그리하며

30 그 널판은 여덟 개요 그 받침은 은 받침
열여섯 개라 각 널판 밑에 두 개씩이었더라

31 그가 또 조각목으로 띠를 만들었으니
곧 성막 이쪽 널판을 위하여 다섯 개요

32 성막 저쪽 널판을 위하여 다섯 개요 성
막 뒤 곧 서쪽 널판을 위하여 다섯 개며

33 그 중간 띠를 만들되 널판 중간 이 끝
에서 저 끝에 미치게 하였으며

34 그 널판들을 금으로 싸고 그 널판에 띠
를 꿸 금 고리를 만들고 그 띠도 금으로
쌌더라

35 그가 또 청색 자색 홍색 실과 가늘게
꼰 베 실로 휘장을 짜고 그 위에 그룹들을
정교하게 수 놓고

36 조각목으로 네 기둥을 만들어 금으로
쌌으며 그 갈고리는 금으로 기둥의 네 받
침은 은으로 부어 만들었으며

37 청색 자색 홍색 실과 가늘게 꼰 베 실로
수 놓아 장막 문을 위하여 휘장을 만들고

38 휘장 문의 기둥 다섯과 그 갈고리를 만
들고 기둥 머리와 그 가름대를 금으로 쌌
으며 그 다섯 받침은 놋이었더라

언약궤를 만들다(출 25:10-22)

37 브살렐이 조각목으로 궤를 만들었
으니 길이가 두 규빗 반, 너비가 한
규빗 반, 높이가 한 규빗 반이며

29

30

31

32

33

34

35

36

37

38

언약궤를 만들다(출 25:10-22)

37

2 순금으로 안팎을 싸고 위쪽 가장자리
로 돌아가며 금 테를 만들었으며

3 금 고리 넷을 부어 만들어 네 발에 달
았으니 곧 이쪽에 두 고리요 저쪽에 두 고
리이며

4 조각목으로 채를 만들어 금으로 싸고

5 그 채를 궤 양쪽 고리에 꿰어 궤를 메
게 하였으며

6 순금으로 속죄소를 만들었으니 길이
가 두 규빗 반, 너비가 한 규빗 반이며

7 금으로 그룹 둘을 속죄소 양쪽에 쳐서
만들었으되

8 한 그룹은 이쪽 끝에, 한 그룹은 저쪽
끝에 곧 속죄소와 한 덩이로 그 양쪽에 만
들었으니

9 그룹들이 그 날개를 높이 펴서 그 날개
로 속죄소를 덮었으며 그 얼굴은 서로 대
하여 속죄소를 향하였더라

상을 만들다(출 25:23-30)

10 그가 또 조각목으로 상을 만들었으니
길이가 두 규빗, 너비가 한 규빗, 높이가
한 규빗 반이며

11 순금으로 싸고 위쪽 가장자리로 돌아
가며 금 테를 둘렀으며

12 그 주위에 손바닥 넓이만한 턱을 만들
고 그 턱 주위에 금으로 테를 만들었고

13 상을 위하여 금 고리 넷을 부어 만들어
네 발 위, 네 모퉁이에 달았으니

14 그 고리가 턱 곁에 있어서 상을 메는

2

3

4

5

6

7

8

9

상을 만들다(출 25:23-30)

10

11

12

13

14

채를 꿰게 하였으며

15 또 조각목으로 상 멜 채를 만들어 금으
로 쌌으며

16 상 위의 기구 곧 대접과 숟가락과 잔과
따르는 병을 순금으로 만들었더라

### 등잔대를 만들다(출 25:31-40)

17 그가 또 순금으로 등잔대를 만들되 그
것을 쳐서 만들었으니 그 밑판과 줄기와
잔과 꽃받침과 꽃이 그것과 한 덩이로 되
었고

18 가지 여섯이 그 곁에서 나왔으니 곧 등
잔대의 세 가지는 저쪽으로 나왔고 등잔
대의 세 가지는 이쪽으로 나왔으며

19 이쪽 가지에 살구꽃 형상의 잔 셋과 꽃
받침과 꽃이 있고 저쪽 가지에 살구꽃 형
상의 잔 셋과 꽃받침과 꽃이 있어 등잔대
에서 나온 가지 여섯이 그러하며

20 등잔대 줄기에는 살구꽃 형상의 잔 넷
과 꽃받침과 꽃이 있고

21 등잔대에서 나온 가지 여섯을 위하여
는 꽃받침이 있게 하였으되 두 가지 아래
에 한 꽃받침이 있어 줄기와 연결하였고
또 두 가지 아래에 한 꽃받침이 있어 줄기
와 연결하였고 또 다시 두 가지 아래에 한
꽃받침이 있어 줄기와 연결되게 하였으니

22 이 꽃받침과 가지들을 줄기와 연결하
여 전부를 순금으로 쳐서 만들었으며

23 등잔 일곱과 그 불 집게와 불 똥 그릇
을 순금으로 만들었으니

24 등잔대와 그 모든 기구는 순금 한 달란

15

16

등잔대를 만들다(출 25:31-40)

17

18

19

20

21

22

23

24

**트로 만들었더라**

### 분향할 제단을 만들다(출 30:1-5, 30:22-38)

25 **그가 또 조각목으로 분향할 제단을 만**
**들었으니 길이는 한 규빗이요 너비도 한**
**규빗이라 네모가 반듯하고 높이는 두 규**
**빗이며 그 뿔들이 제단과 연결되었으며**
26 **제단 상면과 전후 좌우면과 그 뿔을 순**
**금으로 싸고 주위에 금 테를 둘렀고**
27 **그 테 아래 양쪽에 금 고리 둘을 만들**
**었으되 곧 그 양쪽에 만들어 제단을 메는**
**채를 꿰게 하였으며**
28 **조각목으로 그 채를 만들어 금으로 쌌**
**으며**
29 **거룩한 관유와 향품으로 정결한 향을**
**만들었으되 향을 만드는 법대로 하였더라**

### 번제단을 만들다(출 27:1-8)

38 **그가 또 조각목으로 번제단을 만**
**들었으니 길이는 다섯 규빗이요**
**너비도 다섯 규빗이라 네모가 반듯하고**
**높이는 세 규빗이며**
2 **그 네 모퉁이 위에 그 뿔을 만들되 그**
**뿔을 제단과 연결하게 하고 제단을 놋으**
**로 쌌으며**
3 **제단의 모든 기구 곧 통과 부삽과 대야**
**와 고기 갈고리와 불 옮기는 그릇을 다 놋**
**으로 만들고**
4 **제단을 위하여 놋 그물을 만들어 제단**
**주위 가장자리 아래에 두되 제단 절반에**
**오르게 하고**

분향할 제단을 만들다(출 30:1-5, 30:22-38)
25
26
27
28
29
번제단을 만들다(출 27:1-8)
38
2
3
4

5 그 놋 그물 네 모퉁이에 채를 꿸 고리 넷을 부어 만들었으며

6 채를 조각목으로 만들어 놋으로 싸고

7 제단 양쪽 고리에 그 채를 꿰어 메게 하였으며 제단은 널판으로 속이 비게 만들었더라

### 놋 물두멍을 만들다(출 30:18)

8 그가 놋으로 물두멍을 만들고 그 받침도 놋으로 하였으니 곧 회막 문에서 수종드는 여인들의 거울로 만들었더라

### 성막 울타리를 만들다(출 27:9-19)

9 그가 또 뜰을 만들었으니 남으로 뜰의 남쪽에는 세마포 포장이 백 규빗이라

10 그 기둥이 스물이며 그 받침이 스물이니 놋이요 기둥의 갈고리와 가름대는 은이며

11 그 북쪽에도 백 규빗이라 그 기둥이 스물이며 그 받침이 스물이니 놋이요 기둥의 갈고리와 가름대는 은이며

12 서쪽에 포장은 쉰 규빗이라 그 기둥이 열이요 받침이 열이며 기둥의 갈고리와 가름대는 은이며

13 동으로 동쪽에도 쉰 규빗이라

14 문 이쪽의 포장이 열다섯 규빗이요 그 기둥이 셋이요 받침이 셋이며

15 문 저쪽도 그와 같으니 뜰 문 이쪽, 저쪽의 포장이 열다섯 규빗씩이요 그 기둥이 셋씩, 받침이 셋씩이라

16 뜰 주위의 포장은 세마포요

17 기둥 받침은 놋이요 기둥의 갈고리와

5

6

7

놋 물두멍을 만들다(출 30:18)

8

성막 울타리를 만들다(출 27:9-19)

9

10

11

12

13

14

15

16

17

**가름대는 은이요 기둥 머리 싸개는 은이**
**며 뜰의 모든 기둥에 은 가름대를 꿰었으**
**며**

18 **뜰의 휘장 문을 청색 자색 홍색 실과**
**가늘게 꼰 베 실로 수 놓아 짰으니 길이는**
**스무 규빗이요 너비와 높이는 뜰의 포장**
**과 같이 다섯 규빗이며**

19 **그 기둥은 넷인데 그 받침 넷은 놋이요**
**그 갈고리는 은이요 그 머리 싸개와 가름**
**대도 은이며**

20 **성막 말뚝과 뜰 주위의 말뚝은 모두 놋**
**이더라**

성막 재료의 물자 목록

21 **성막 곧 증거막을 위하여 레위 사람이**
**쓴 재료의 물목은 제사장 아론의 아들 이**
**다말이 모세의 명령대로 계산하였으며**

22 **유다 지파 훌의 손자요 우리의 아들인**
**브살렐은 여호와께서 모세에게 명령하신**
**모든 것을 만들었고**

23 **단 지파 아히사막의 아들 오홀리압이**
**그와 함께 하였으니 오홀리압은 재능이**
**있어서 조각하며 또 청색 자색 홍색 실과**
**가는 베 실로 수 놓은 자더라**

24 **성소 건축 비용으로 들인 금은 성소의**
**세겔로 스물아홉 달란트와 칠백삼십 세**
**겔이며**

25 **계수된 회중이 드린 은은 성소의 세겔**
**로 백 달란트와 천칠백칠십오 세겔이니**

26 **계수된 자가 이십 세 이상으로 육십만**
**삼천오백오십 명인즉 성소의 세겔로 각**

18
19
20
성막 재료의 물자 목록
21
22
23
24
25
26

사람에게 은 한 베가 곧 반 세겔씩이라

27 은 백 달란트로 성소의 받침과 휘장 문
의 기둥 받침을 모두 백 개를 부어 만들었
으니 각 받침마다 한 달란트씩 모두 백 달
란트요

28 천칠백칠십오 세겔로 기둥 갈고리를
만들고 기둥 머리를 싸고 기둥 가름대를
만들었으며

29 드린 놋은 칠십 달란트와 이천사백 세
겔이라

30 이것으로 회막 문 기둥 받침과 놋 제단
과 놋 그물과 제단의 모든 기구를 만들었
으며

31 뜰 주위의 기둥 받침과 그 휘장 문의
기둥 받침이며 성막의 모든 말뚝과 뜰 주
위의 모든 말뚝을 만들었더라

### 제사장의 옷을 만들다(출 28:1-14)

39 그들은 여호와께서 모세에게 명령
하신 대로 청색 자색 홍색 실로 성
소에서 섬길 때 입을 정교한 옷을 만들고
또 아론을 위해 거룩한 옷을 만들었더라

2 는 또 금 실과 청색 자색 홍색 실과 가
늘게 꼰 베 실로 에봇을 만들었으되

3 금을 얇게 쳐서 오려서 실을 만들어 청
색 자색 홍색 실과 가는 베 실에 섞어 정
교하게 짜고

4 에봇에는 어깨받이를 만들어 그 두 끝
에 달아 서로 연결되게 하고

5 에봇 위에 에봇을 매는 띠를 에봇과 같
은 모양으로 금 실과 청색 자색 홍색 실과

27

28

29

30

31

제사장의 옷을 만들다(출 28:1-14)

39

2

3

4

5

가늘게 꼰 베 실로 에봇에 붙여 짰으니 여
호와께서 모세에게 명령하신 대로 하였
더라
6 그들은 또 호마노를 깎아 금 테에 물려
도장을 새김 같이 이스라엘의 아들들의
이름을 그것에 새겨
7 에봇 어깨받이에 달아 이스라엘의 아
들들을 기념하는 보석을 삼았으니 여호와
께서 모세에게 명령하신 대로 하였더라

흉패를 짜다(출 28:15-30)

8 그가 또 흉패를 정교하게 짜되 에봇과
같은 모양으로 금 실과 청색 자색 홍색 실
과 가늘게 꼰 베 실로 하였으니
9 그것의 길이가 한 뼘, 너비가 한 뼘으
로 네 모가 반듯하고 두 겹이며
10 그것에 네 줄 보석을 물렸으니 곧 홍보
석 황옥 녹주옥이 첫 줄이요
11 둘째 줄은 석류석 남보석 홍마노요
12 셋째 줄은 호박 백마노 자수정이요
13 넷째 줄은 녹보석 호마노 벽옥이라 다
금 테에 물렸으니
14 이 보석들은 이스라엘의 아들들의 이
름 곧 그들의 이름대로 열둘이라 도장을
새김 같이 그 열두 지파의 각 이름을 새겼
으며
15 그들이 또 순금으로 노끈처럼 사슬을
땋아 흉패에 붙이고
16 또 금 테 둘과 금 고리 둘을 만들어 그
두 고리를 흉패 두 끝에 달고

6
7
흉패를 짜다(출 28:15-30)
8
9
10
11
12
13
14
15
16

17 그 땋은 두 금 사슬을 흉패 끝 두 고리에 꿰매었으며

18 그 땋은 두 사슬의 다른 두 끝을 에봇 앞 두 어깨받이의 금 테에 매고

19 또 금 고리 둘을 만들어 흉패 두 끝에 달았으니 곧 그 에봇을 마주한 안쪽 가장자리에 달았으며

20 또 금 고리 둘을 만들어 에봇 앞 두 어깨받이 아래 매는 자리 가까운 쪽 곧 정교하게 짠 에봇 띠 위쪽에 달고

21 청색 끈으로 흉패 고리와 에봇 고리에 꿰어 흉패로 정교하게 짠 에봇 띠 위에 붙여서 에봇에서 벗어지지 않게 하였으니 여호와께서 모세에게 명령하신 대로 하였더라

### 제사장의 또 다른 옷을 만들다 (출 28:31-43)

22 그가 에봇 받침 긴 옷을 전부 청색으로 짜서 만들되

23 그 옷의 두 어깨 사이에 구멍을 내고 갑옷 깃 같이 그 구멍 주위에 깃을 짜서 찢어지지 않게 하고

24 청색 자색 홍색 실과 가는 베 실로 그 옷 가장자리에 석류를 수 놓고

25 순금으로 방울을 만들어 그 옷 가장자리로 돌아가며 석류 사이사이에 달되

26 방울과 석류를 서로 간격을 두고 번갈아 그 옷 가장자리로 돌아가며 달았으니 여호와께서 모세에게 명령하신 대로 하였더라

17

18

19

20

21

제사장의 또 다른 옷을 만들다(출 28:31-43)

22

23

24

25

26

27 그들이 또 직조한 가는 베로 아론과 그
의 아들들을 위하여 속옷을 짓고

28 세마포로 두건을 짓고 세마포로 빛난
관을 만들고 가는 베 실로 짜서 세마포 속
바지들을 만들고

29 가는 베 실과 청색 자색 홍색 실로 수 놓
아 띠를 만들었으니 여호와께서 모세에게
명령하신 대로 하였더라

30 그들이 또 순금으로 거룩한 패를 만들
고 도장을 새김 같이 그 위에 '여호와께
성결'이라 새기고

31 그 패를 청색 끈으로 관 전면에 달았으
니 여호와께서 모세에게 명령하신 대로
하였더라

### 성막의 모든 역사를 마치다(출 35:10-19)

32 이스라엘 자손이 이와 같이 성막 곧 회
막의 모든 역사를 마치되 여호와께서 모
세에게 명령하신 대로 다 행하고

33 그들이 성막을 모세에게로 가져왔으
니 곧 막과 그 모든 기구와 그 갈고리들과
그 널판들과 그 띠들과 그 기둥들과 그 받
침들과

34 붉은 물을 들인 숫양의 가죽 덮개와 해
달의 가죽 덮개와 가리는 휘장과

35 증거궤와 그 채들과 속죄소와

36 상과 그 모든 기구와 진설병과

37 순금 등잔대와 그 잔 곧 벌여놓는 등잔
대와 그 모든 기구와 등유와

38 금 제단과 관유와 향기로운 향과 장막

27

28

29

30

31

성막의 모든 역사를 마치다(출 35:10-19)

32

33

34

35

36

37

38

휘장 문과

39 놋 제단과 그 놋 그물과 그 채들과 그
모든 기구와 물두멍과 그 받침과

40 뜰의 포장들과 그 기둥들과 그 받침들
과 뜰 문의 휘장과 그 줄들과 그 말뚝들과
성막 곧 회막에서 사용할 모든 기구와

41 성소에서 섬기기 위한 정교한 옷 곧 제
사 직분을 행할 때에 입는 제사장 아론의
거룩한 옷과 그의 아들들의 옷이라

42 여호와께서 모세에게 명령하신 대로
이스라엘 자손이 모든 역사를 마치매

43 모세가 그 마친 모든 것을 본즉 여호와
께서 명령하신 대로 되었으므로 모세가
그들에게 축복하였더라

39

40

41

42

43

### 성막 봉헌

40 여호와께서 모세에게 말씀하여
이르시되

2 너는 첫째 달 초하루에 성막 곧 회막을
세우고

3 또 증거궤를 들여놓고 또 휘장으로 그
궤를 가리고

4 또 상을 들여놓고 그 위에 물품을 진설
하고 등잔대를 들여놓아 불을 켜고

5 또 금 향단을 증거궤 앞에 두고 성막
문에 휘장을 달고

6 또 번제단을 회막의 성막 문 앞에 놓고

7 또 물두멍을 회막과 제단 사이에 놓고
그 속에 물을 담고

8 또 뜰 주위에 포장을 치고 뜰 문에 휘

성막 봉헌

40

2

3

4

5

6

7

8

장을 달고

9 또 관유를 가져다가 성막과 그 안에 있
는 모든 것에 발라 그것과 그 모든 기구를
거룩하게 하라 그것이 거룩하리라

10 너는 또 번제단과 그 모든 기구에 발라
그 안을 거룩하게 하라 그 제단이 지극히
거룩하리라

11 너는 또 물두멍과 그 받침에 발라 거룩
하게 하고

12 너는 또 아론과 그 아들들을 회막 문으
로 데려다가 물로 씻기고

13 아론에게 거룩한 옷을 입히고 그에게
기름을 부어 거룩하게 하여 그가 내게 제
사장의 직분을 행하게 하라

14 너는 또 그 아들들을 데려다가 그들에
게 겉옷을 입히고

15 그 아버지에게 기름을 부음 같이 그들
에게도 부어서 그들이 내게 제사장의 직
분을 행하게 하라 그들이 기름 부음을 받
았은즉 대대로 영영히 제사장이 되리라
하시매

16 모세가 그같이 행하되 곧 여호와께서
자기에게 명령하신 대로 다 행하였더라

17 둘째 해 첫째 달 곧 그 달 초하루에 성
막을 세우니라

18 모세가 성막을 세우되 그 받침들을 놓
고 그 널판들을 세우고 그 띠를 띠우고 그
기둥들을 세우고

19 또 성막 위에 막을 펴고 그 위에 덮개

9

10

11

12

13

14

15

16

17

18

19

를 덮으니 여호와께서 모세에게 명령하
신 대로 되니라
20 그는 또 증거판을 궤 속에 넣고 채를
궤에 꿰고 속죄소를 궤 위에 두고
21 또 그 궤를 성막에 들여놓고 가리개 휘
장을 늘어뜨려 그 증거궤를 가리니 여호
와께서 모세에게 명령하신 대로 되니라
22 그는 또 회막 안 곧 성막 북쪽으로 휘
장 밖에 상을 놓고
23 또 여호와 앞 그 상 위에 떡을 진설하
니 여호와께서 모세에게 명령하신 대로
되니라
24 그는 또 회막 안 곧 성막 남쪽에 등잔
대를 놓아 상과 마주하게 하고
25 또 여호와 앞에 등잔대에 불을 켜니 여
호와께서 모세에게 명령하신 대로 되니라
26 그가 또 금 향단을 회막 안 휘장 앞에
두고
27 그 위에 향기로운 향을 사르니 여호와
께서 모세에게 명령하신 대로 되니라
28 그는 또 성막 문에 휘장을 달고
29 또 회막의 성막 문 앞에 번제단을 두고
번제와 소제를 그 위에 드리니 여호와께
서 모세에게 명령하신 대로 되니라
30 그는 또 물두멍을 회막과 제단 사이에
두고 거기 씻을 물을 담으니라
31 모세와 아론과 그 아들들이 거기서 수
족을 씻되
32 그들이 회막에 들어갈 때와 제단에 가

20

21

22

23

24

25

26

27

28

29

30

31

32

까이 갈 때에 씻었으니 여호와께서 모세
에게 명령하신 대로 되니라

33 그는 또 성막과 제단 주위 뜰에 포장을
치고 뜰 문에 휘장을 다니라 모세가 이같
이 역사를 마치니

여호와의 영광이 성막에 충만하다(민 9:15-23)

34 구름이 회막에 덮이고 여호와의 영광
이 성막에 충만하매

35 모세가 회막에 들어갈 수 없었으니 이
는 구름이 회막 위에 덮이고 여호와의 영
광이 성막에 충만함이었으며

36 구름이 성막 위에서 떠오를 때에는 이
스라엘 자손이 그 모든 행진하는 길에 앞
으로 나아갔고

37 구름이 떠오르지 않을 때에는 떠오르
는 날까지 나아가지 아니하였으며

38 낮에는 여호와의 구름이 성막 위에 있
고 밤에는 불이 그 구름 가운데에 있음을
이스라엘의 온 족속이 그 모든 행진하는
길에서 그들의 눈으로 보았더라

33

여호와의 영광이 성막에 충만하다(민 9:15-23)

34

35

36

37

38

## 남기고 싶은 글

남기고 싶은 글

# 주기도문 새번역

하늘에 계신 우리 아버지,
아버지의 이름을 거룩하게 하시며
아버지의 나라가 오게 하시며,
아버지의 뜻이 하늘에서와 같이 땅에서도 이루어지게 하소서.
오늘 우리에게 일용할 양식을 주시고,
우리가 우리에게 잘못한 사람을 용서하여 준 것같이
우리 죄를 용서하여 주시고,
우리를 시험에 빠지지 않게 하시고, 악에서 구하소서.
나라와 권능과 영광이 영원히 아버지의 것입니다.
아멘.

# 새번역 사도신경

나는 전능하신 아버지 하나님, 천지의 창조주를 믿습니다.
나는 그의 유일하신 아들, 우리 주 예수 그리스도를 믿습니다.
그는 성령으로 잉태되어 동정녀 마리아에게서 나시고,
본디오 빌라도에게 고난을 받아 십자가에 못 박혀 죽으시고,
장사된 지 사흘 만에 죽은 자 가운데서 다시 살아나셨으며,
하늘에 오르시어 전능하신 아버지 하나님 우편에 앉아 계시다가,
거기로부터 살아 있는 자와 죽은 자를 심판하러 오십니다.
나는 성령을 믿으며, 거룩한 공교회와 성도의 교제와
죄를 용서받는 것과 몸의 부활과 영생을 믿습니다.
아멘.

# 십계명

제일은, 너는 나 외에는 다른 신들을 네게 두지 말라.

제이는, 너를 위하여 새긴 우상을 만들지 말고,
또 위로 하늘에 있는 것이나, 아래로 땅에 있는 것이나,
땅 아래 물 속에 있는 것의 어떤 형상도 만들지 말며,
그것들에게 절하지 말며, 그것들을 섬기지 말라.

제삼은, 너는 네 하나님 여호와의 이름을 망령되게 부르지 말라.

제사는, 안식일을 기억하여 거룩하게 지키라.

제오는, 네 부모를 공경하라.

제육은, 살인하지 말라.

제칠은, 간음하지 말라.

제팔은, 도둑질하지 말라.

제구는, 네 이웃에 대하여 거짓 증거하지 말라.

제십은, 네 이웃의 집을 탐내지 말라.

# 손글씨성경 [구약_출애굽기]

2021년 9월 20일 초판 1쇄 발행

**펴 낸 이** 김수곤
**디 자 인** 디자인이츠
**발 행 처** MISSION TORCH
**등 록 일** 1999년 9월 21일 제 54호
**등록주소** 서울 송파구 백제고분로 27길 12(삼전동)
**전　　화** (02)2203-2739
**팩　　스** (02)2203-2738
**이 메 일** ccm2you@gmail.com
**홈페이지** www.ccm2u.com